脱・呪縛《じゅばく》

鎌田實・著

こやまこいこ・絵

理論社

脱・呪縛　もくじ

第2章　脱・自縛　56

第3章　いろいろなやつがいるから、おもしろい　88

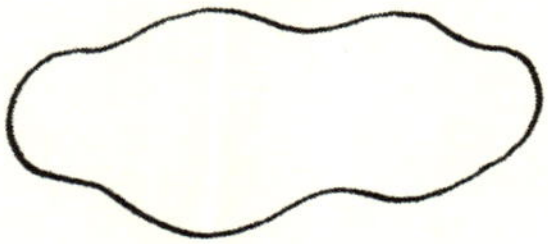

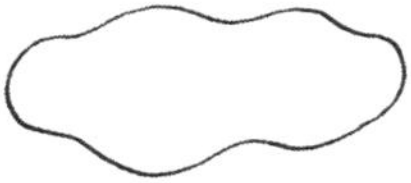

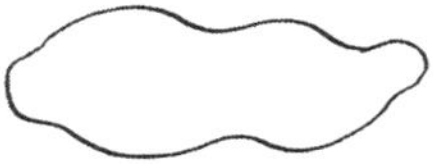

はじめに

自分の愛をありったけこめて、この本を書きました。

十代の君たちに、

「生きるとはなにか」

「自由な人間にどうしたらなれるか」

「どう生きたらいいのか」について書きました。

「今、なにをしたらいいのか」

「なにから始めたらいいのか」

この本から、呪縛を脱する力《パワー》を、貯えてくれたら嬉しい。

※大人はご遠慮ください。
（十代のおさらいをしたい人なら、大歓迎です）

第1章 脱・呪縛

1　星の下の呪縛

どこで、どんな親のもとで、どういう環境《かんきょう》で……どんな星の下で生まれるか、で、人の一生は、すでに決まってしまっているのだろうか。

僕《ぼく》は親の顔を知らない。育ててもらった家は、貧乏《びんぼう》だった。

ナニカが、僕に呪《のろ》いをかけていて、最悪な人生や不幸な人生をもたらそうとしていたんだろうか？

他人からは、もしかしたら、そうみえていただろうか。僕自身はそう思ったことはない。

その時恵《めぐ》まれた環境にいようと、恵まれた環境でないところで生きていようと、みんな、どんな時も、実は見えないナニカに縛《しば》られている。

それに気づいている人と気づいていない人がいるだけだ。

いちばん大切なもの

人間にとっていちばん大切なものを、僕は「自由」だと思っている。

どんな親から生まれるか、生まれた場所、そして環境《かんきょう》。それらに、僕《ぼく》たちは縛《しば》られることが多い。

確《たし》かに影響《えいきょう》は受ける。だけど、それらで全てが決まるわけではない。

その呪縛《じゅばく》は絶対《ぜったい》ではないのだ。

呪縛の縄《なわ》を切断《せつだん》することはできる。鉄のような頑丈《がんじょう》な鎖《くさり》で縛られることだってあるけど、それすら、僕たちは、ぶち壊《こわ》すことができる。

自分がより自由になるために、呪縛してくるものやこと、不自由な人間の関係を、どう解《と》き放っていくか、どうしたらより自由になれるのか、いつも考えてきた。

こんなふうに考えられるようになったのは、僕の場合、父の呪縛が解けたからだ。

貧乏から脱出したかった

僕は、貧乏《びんぼう》という星の下から脱出《だっしゅつ》したかった。

貧乏から抜《ぬ》けるためには、勉強が有効《ゆうこう》なのではないかと漠然《ばくぜん》と思っていた。

じゃあ、小さい時からよく勉強したのかというと、そうではない。人間はそんなにうまくできていない。

自分の環境から脱出したい、っていつも思ってはいたけど、野球の方がおもしろかった。夢中《むちゅう》になって野球をしていた。

僕は現実主義者《げんじつしゅぎしゃ》のこどもだったから、自分が野球をやっていても、プロ野球選手にはなれないとわかっていた。そんな中で、中学校のチームでレギュラーをつかみたい、クリーンナップになりたい、できたらキャプテンをしたい。そんな下心はあったんだ。だから一生懸命《いっしょうけんめい》やった。それでもやはり、野球をやっていることが、自分の未来へ直接《ちょくせつ》つながっているわけではないことは、よくわかっていた。

「勉強するな」

具体的に、生きていくための進路を決める高校三年生の時、大学へいきたいと思った。父親に泣きながらお願いをした。

母親は重い心臓病《しんぞうびょう》。父はその入院費を稼《かせ》ぐので精一杯《せいいっぱい》だった。家の中の事情《じじょう》はよくわかっている。大学にいくのは難《むずか》しいってなんとなく感じていた。だから泣きながら父親に、大学にいかせてください、とお願いをしたんだ。

「ばかやろう」といわれた。

それでも諦《あきら》められず、僕《ぼく》は食い下がった。

その時の父の言葉が忘《わす》れられない。

「勉強なんてするな」

「勉強するな」なんていわれたこと、ある？

先生も親もみんなして、飽《あ》きずに「勉強しろ」っていう方が多いだろう。

僕は逆《ぎゃく》で「勉強するな」っていわれたんだ。

ここから自分の人生が始まったように思う。

勉強しなければ、この環境《かんきょう》から脱出《だっしゅつ》できないと思ったんだ。

自分の人生は自分で決めたいって思った。

父親は小学校しか出ていない。「でも、真面目に働けば生きていける。お前も無理をするな。背伸《せの》びをするな」ともいわれた。

僕は「無理」でも「背伸び」でも「ジャンプ」でもして、壁《かべ》をこえていきたかった。

人間失格

僕は、父に「ばかやろう、勉強なんてするな」といわれたあと、キレてしまった。

父のことを憎《にく》んだ。

心の中で「俺《おれ》のことをちっともわかってくれない」「俺は愛されていない」……とっさにそう思った。

父の首に手がかかっていた。

首をしめたんだ。

本気だった。

僕が殺人者にならなかったわけ

僕は、この時は何も知らなかった。自分の家に秘密《ひみつ》があることを。

僕はもらわれてきた子だったんだ。

本当の父親と母親を知らない。産んでくれた父親と母親に捨《す》てられたのだった。

育ての父は悔《くや》しかったと思うよ。

一歳《さい》十か月の時から、僕を拾って育ててくれた、その命の恩人《おんじん》の首に、僕は手をかけていたんだから。

人間はとんでもないことをしてしまう、と知った。

それでも僕《ぼく》が殺人者にならないですんだのは、父の涙《なみだ》があったからだった。拾って育てた子に首をしめられている父の。

その涙に救われた。

我《われ》に返ったのだ。いけない、と思った。手が緩《ゆる》んだ。

ふたりで床《ゆか》にへたりこんだ。しばらくふたりとも泣いていた。

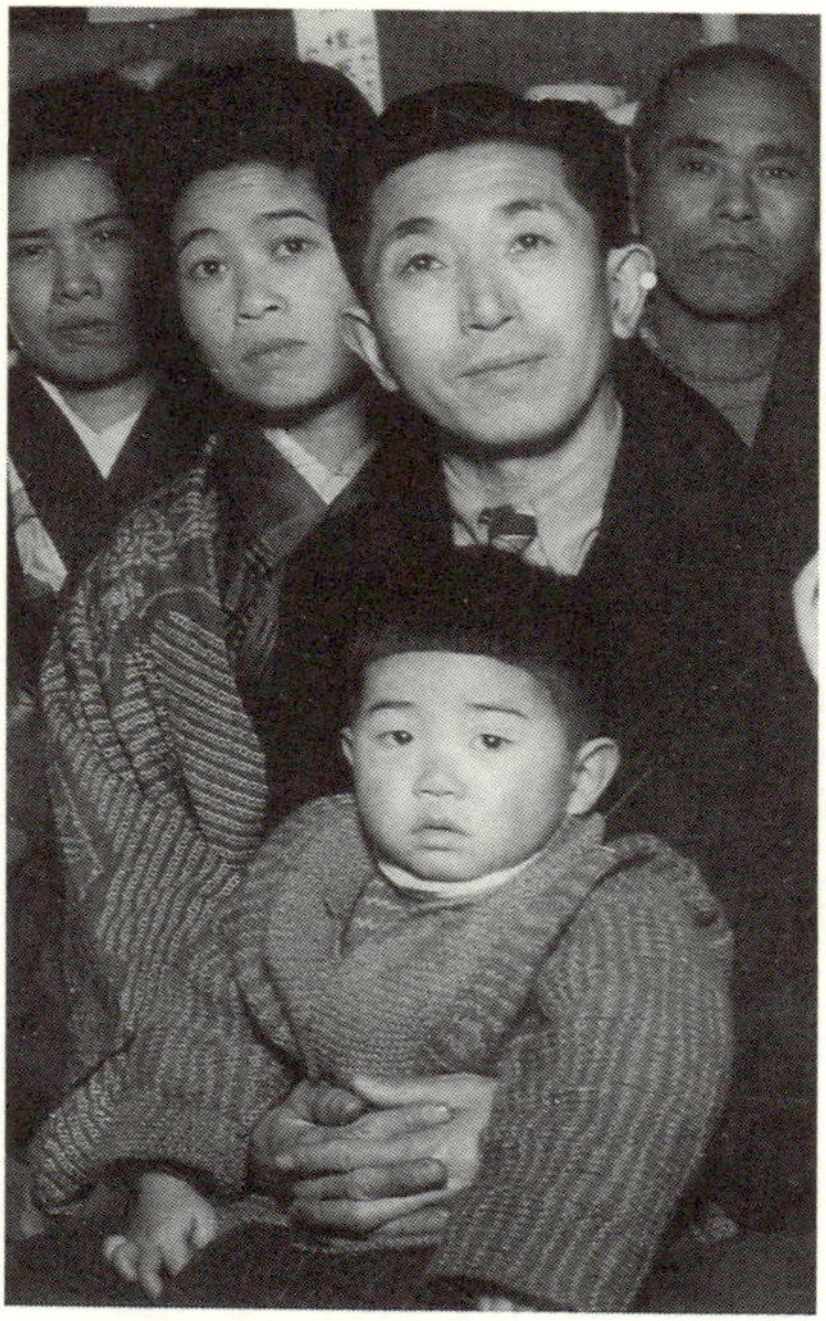

▲ 父に抱かれた幼い時の僕

しばらくして父が、「そんなに勉強したいのか」といった。

僕は返事ができなかった。

すると父が続けた。

「自由に生きていい。好きなように生きろ。俺《おれ》はお前に何もしてあげられない。母さんの面倒《めんどう》を見るので精一杯《せいいっぱい》だ。大学の入学金や授業料《じゅぎょうりょう》、教科書代がどれくらいするのか、俺にはわからない。たぶん何もしてあげられないと思う。全部自分で考えてくれ。ならばお前は自由だ」

十八歳《さい》の夏だった。

同級生の誰《だれ》より、僕は、本物の自由を得た。そんな気がした。

人生ってなんのためにあるのだろう

僕は、朝四時半に起きて勉強した。そして一浪《いちろう》したのち奨学金《しょうがくきん》を得て国立大学の医学部に入学。今よりずっと学費が安かったこともあり、また、家庭教師《きょうし》を二件《けん》と、工場での守衛《しゅえい》のバイトを掛《か》け持ちして、無事卒業をした。

そして二十五歳の時、今働いている、諏訪中央《すわちゅうおう》病院にいくことを決めた。周りに賛成《さんせい》してくれる人なんていなかった。

「そんな地方の病院にいったら、東京に戻《もど》ってこられないぞ、偉《えら》くなれないぞ」と同級生にいわれた。

人生って、偉くなるためにあるんじゃない、と思っていた。

友達の心配してくれる気持ちはわかるけど、地方にいったからって命まで取られるわけじゃあるまいし。そう思って、友達の言葉には耳を貸《か》さなかった。

一生に一回の人生は、おもしろく生きるためにあるのだ、とかたく信じていた。

偉くなるために、大切な自由を束縛《そくばく》されて、なんとなくひとの顔色をうかがって生きるなんて、僕《ぼく》にはにあわないと思ったんだ。

よく、勇気があるね、なんていわれるけど、本当の勇気なんて、ない。

周りのひとは、僕のことを、自由に生きている、ともいってくれるけど、自分では本当に自由に生きているとは思っていないんだ。

今、七十歳《さい》。自由をめざして生きてきたけど、まだまだ、道半ば。

本当にやりたいことをやるって大変だ、と、ようやくわかってきたんだ。

心の中には獣が

僕は、本物の自由を十八歳の時に得たと思った。

ところがどっこい、そう簡単《かんたん》ではなかった。

僕は、チェルノブイリの放射能汚染地域《ほうしゃのうおせんちいき》のこどもたちを助けるために、これまでに約十四億円を集め、百回をこえる支援《しえん》を出してきた。また、難民《なんみん》キャンプのこどもやイラクの白血病のこどもたちを救うために、約四億円の薬を十数年にわたり送りつづけている。自分で難民キャンプに診察《しんさつ》にもいく。

自分が自由だから、行きたいところへ行き、やりたいことをしてきた、と思っていた。でも、もし僕が本物の自由をつかんでいたら、もっともっと、たくさんのこどもたちを助けることができたと思うんだ。

そういう意味では、本物と思っていた自由はまだまだ本物でない気がしている。

自分がかわいくて自由になりきれず、呪縛《じゅばく》から解《と》き放たれてはいないことをよくわかっている。

人間の心の中には獣《けもの》がいる。

これは、ドストエフスキーの『カラマーゾフの兄弟』を読んでいて出会った言葉だ。
僕《ぼく》の中にも獣《けもの》がいた。
その獣が現《あらわ》れて、僕は命の恩人《おんじん》である父の首をしめた。
僕はとんでもない人間だ。

2　勉強の呪縛

中高生が、縛《しば》られていると思いがちなものに勉強がある。悩《なや》みの中には、いつも勉強があるのではないか。君たちと密接《みっせつ》な勉強。勉強はちょっと辛《つら》いって思う人、多いかもしれないね。

なぜ勉強するのだろう

なぜ勉強をするのか。
楽しく生きるために、と僕は思いつづけてきた。
楽しさを深く味わうために、勉強が必要なんだって思うんだ。

サッカーだって野球だってそう。ボールの蹴《け》り方とか　難《むずか》しいボールのとらえ方とか、最初はできなかったことができるようになると、そのスポーツが何倍もおもしろくなる。勉強だって、解《と》けなかった問題が解けるようになったり、難しい計算ができるようになったら、ものすごくおもしろくなる。知らないことを知って、それがものすごく自分のツボにはまると、もっともっと知りたくなる。

勉強していろんなことがわかってくると、世界が広がる。

ひとつのことが、前からだけじゃなく、後ろからも横からも上からも下からも見えるようになる。

隠れているものを見る

「勉強する」という意識《いしき》ではなく、みんなには見えないものや、ひっそりと裏側《うらがわ》に隠《かく》れている、もっと大切なものをみつけられる、そんな宝探《たからさが》しをしていると思ったらどうだろうか。

勉強が、「辛い」ではなく「わくわく」にならないだろうか。

僕にとって、そのことがわかりやすい具体的な戦術《せんじゅつ》は、本をたくさん読むことだ。

僕《ぼく》は、こども時代、とにかく本を読んだ。

家が貧乏《びんぼう》で、夏休みも冬休みもどこにも行けないこどもだった。そんな星の下にいた。

だから、君たちぐらいの時には、学校の図書室の本をできるだけ借りて、三度も四度もくりかえし読んだ。

大学に入ったあとも、医者の勉強をしながら本を読み続けた。それで、人間というやっかいな生き物がどんな風に考えるものなのか、想像《そうぞう》できる医者になった。

それが注目されて、新聞に連載《れんさい》をするようになったりテレビやラジオに出て話をしたりするようになった。たくさんの本を書くようにもなった。医者の枠《わく》からはみ出した。

成功する人には「言葉」がある

例えば有名なラーメン屋さんも、たいがい、自分流のいい言葉を持っている。なんのために自分がラーメンを作るのか。自分のラーメンの魅力はなにか。きちんと言葉をもっている人の店を訪《おとず》れるのは楽しい。

天性《てんせい》のものがあって、自分で言葉を産み出す人もいるが、豊《ゆた》かな言葉をもったいていの人は、本をたくさん読んでいる。読書家のビートたけしさんもピース・又吉《またよし》さんも、自分の言葉を持っている。

将来《しょうらい》どんな仕事をしたいと思っていても、自分流の言葉、哲学《てつがく》を持っているかいないかでは、その仕事の奥行《おくゆ》きが違《ちが》ってくる。本を読んでいることは、その邪魔《じゃま》にならない。

自分流の哲学が通った考えを持つと、人には見えないものが見えてくる。これが自分をグンと前に進める。

勉強が楽しくなる技術

僕は、親や先生から、勉強しろといわれるのが大嫌《だいきら》いだった。

俺《おれ》の人生に指図するな、って思ってた。

勉強が楽しくなる技術《ぎじゅつ》。それは、勉強を好きになること。

いやいや、それができないから困《こま》ってるんじゃない、って思うだろ。

「快感《かいかん》」を得ていないと好きになるのは難《むずか》しいんだ。勉強が好きになるのには、快感が必要。

今、成績《せいせき》が悪いとする。例えば百点中二十点取ったとする。そしたら次は二十五点を目指してみよう。その目指した五点が到達《とうたつ》したら「快感」を得られる。クラスの中で最下位だったとしても、そんなの関係ない。自分の中で伸《の》びていることが大事。できなかった自分がひとつでも少しでもできることが増《ふ》えること。その時に快感《かいかん》ホルモンの「ドーパミン」っていうのが出るんだ。嬉《うれ》しくなるホルモンだ。もっとやろうと思えるようになる。

最初から全部に向かわなくていい。一個《こ》をまずは、せめてみよう。快感を知ったら、徐々《じょじょ》に得意科目は増えていく。まずは一科目。得意な科目をひとつ作ると、そこから世界は広がる。

苦手だから好きになる

僕《ぼく》の大事な若《わか》い友人は、養護《ようご》学校の先生になったばかり。いつか中学校で数学を教えたいとも思っている。

彼《かれ》が数学を好きになったきっかけは、数学ができなかったから。

小学校四年生の時からいじめにあって学校にいけなくなった彼は、中学校時代はほとんど登校できていない。積み重ねが必要な数学が、最も遅《おく》れてしまった。フリースクールで勉強をみてもらった。

大阪《おおさか》の、彼が住む地域《ちいき》は貧《まず》しい人が多い。そこでは数学が苦手な子が多いことに気がついた。

自分なら数学ができない苦しみがわかっている。だから自分が数学の教師《きょうし》になれば、数学が苦手な子たちの気持ちをわかりながら、教えられるはず。そう思って、数学の勉強を始めた。

そのうちに数学が好きになっていた。そして、教師になるために大学にいくことを決めたんだ。

「慣れる」ってすごい

僕は、小学校に入る前に、家に下宿していた大学生から、九九を覚えこまされた。それで小学校に上がる前に九九を知っていたので、数字にはなじみができた。数字に慣《な》れ親しんでいるから、足し算も引き算も掛《か》け算も割《わ》り算も、割《わり》と早く飲みこめた。

なかよくなっていいことがあるのは、人間関係だけじゃないんだね。

僕は学校で調べた知能《ちのう》指数が低かったんだよ。頭がいいか悪いかなんて、それほど関係ないんだ。覚えて広がるものは覚えちゃえばいい。そのあとは訓練。忘《わす》れないように暗唱だ。こんなふうにわりきっちゃうの、アリだ。

そんなんで、僕《ぼく》は、学校の成績《せいせき》では、算数や数学はいつも百点を取れるようになった。

「慣《な》れる」の、大事。勉強を好きになるのも、得意な科目を作るのも。

勉強は親のものでも先生のものでもない

君たちの毎日は、勉強がたくさんの時間を占《し》めているよね。授業《じゅぎょう》に出るだけでもさ。

今みんなは、ノーベル賞を取るような特別な研究をしているわけではないけど、将来《しょうらい》、もしかしたらそれにつながるかもしれない、基礎《きそ》工事中だ。

特別に頭がキレる必要なんかない。その基礎って、慣れること……問題をくりかえし解《と》いて覚えることで、身についちゃうことが多い。教科書に線を引いて、何度も見て。（この本にも、線を引いてくれたら嬉《うれ》しいなあ）

一回で済《す》む人もいるだろう。僕の場合は、三回見ると、だいたい理解《りかい》できるようになった。もちろん、それ以上、何回でもいい。自分なりの回数でね。

東京大学とベネッセの共同研究で、全国の小学生から高校生までの、おもしろい調査《ちょうさ》があった。

小学校四年生では、六十八%が勉強を「好き」といってるのに、中二では、「嫌《きら》い」が五十七%、高二では六十%を超《こ》えた。学年が上がるにつれ、勉強が嫌いになっている。

さっきいったように、勉強を好きになるのには、ドーパミンっていう快感《かいかん》ホルモンが関係している。

勉強が「嫌い」から「好き」に変化する子は、各学年に一割《わり》いるという結果も出た。好きになった理由のなかに、「新しいことを知るのが嬉しいから」というものがあった。ドーパミンが出てるんだね。

なんせ僕たちは、好奇心《こうきしん》でアフリカのサバンナから出アフリカを成功させた人たちの子孫だ。僕らの血の中に、好奇心が、新しいものを知りたいっていう思いが、あるんだよ。

「友達に負けたくないから」なんていうのも、人間らしくていいけどね。

もっとおもしろいデータがある。先生や親に叱《しか》られたくない、と思っている子は、勉強を嫌いなままでいることが多かった。親や先生に向かって勉強してもダメなんだね。

どうせ同じ時間を使うんなら、自分のために、自分の人生をおもしろくするために、勉強しようよ。

くりかえす強さ

こんな結果もあった。勉強を好きになった子は、間違《まちが》えた問題をやり直していた。テストが終わったら、興味《きょうみ》をなくすこと多いよね。終わった！って、ぱあって忘《わす》れちゃう、なんて、よくある。

好きになった子たちは、間違った問題をもう何回か頭の中に入れているんだ。この戦法は有効《ゆうこう》だ。

体操《たいそう》選手がすごい技《わざ》ができるようになるのは、逆立《さかだ》ちができるからなんだって聞いたことがある。基礎《きそ》ができるからこそ、のすごい技なんだよね。学校の勉強は、まさにその基礎だ。

問題にヒッカケやヒネリがある場合もあるね。それにひっかからないようにするのって、試験の時だけの、単なる技術《ぎじゅつ》じゃないんだよ。

人生を生きていく上で、ヒッカケやワナはそこらじゅうにある。そういうのにはまらないように、試験問題で訓練してるんだって思うと、なんか、勉強がゲームみたいにおもしろいもんだって、思えてこない？

人生を生きぬくための道具のひとつ

例えば、医学部にいけたらいいなと思っている人は、医学部にいくことが目的じゃないはずだ。医者になって何がしたいのか。ただただ勉強していると、そのことを忘れちゃう。目的が明確《めいかく》になったら、自分の前の壁《かべ》をぶっ壊《こわ》せる。勉強することが目標ではないってわかっているから。

君はなんのために勉強する？

親や先生の干渉《かんしょう》なんて余計《よけい》なこと、どうでもいい。

自分のためにしか勉強しなくていい。

3　付和雷同の呪縛

「みんな一緒がいい」なんてうそっぱち

僕《ぼく》は「欅坂《けやきざか》46」が好きだ。

「付和雷同《ふわらいどう》」っていう四文字熟語《じゅくご》があるだろ。自分に定まった考えがなく、他人の考えにわけもなく賛成《さんせい》しちゃうってこと。

多数の意見を聞いているうちに、なんとなく染《そ》まってしまうとかね。本当はもっと自分を出したいのに、ま、いっか、波風たてることもないよな、と、自分で自分を押《お》し殺してしまう。

日本人は同調圧力《あつりょく》に弱いといわれている。「みんな一緒《いっしょ》がいい」という呪《のろ》いをかけられているんだ。

「欅坂《けやきざか》46」の歌、『ガラスを割《わ》れ!』はそれに逆《さか》らおうとしている。

餌《えさ》をもらうために尻尾《しっぽ》をふるな、といっている。

「目の前のガラスを割れ!」と叫《さけ》んでいる。

「偉《えら》い奴《やつ》らに怯《ひる》むなよ!」そうだ!

彼女《かのじょ》たちの『不協和音』には「みんな揃《そろ》って同じ意見だけではおかしいだろう」という歌詞《かし》もある。

そうなんだ。人はそれぞれが、付和雷同の呪いから覚めなければいけない。

俺は今ここにいる

スペイン・アルタミラ洞窟《どうくつ》から数十キロ離《はな》れたエル・カスティージョ洞窟。ここに、今から十五万年前〜一万千五百年前くらいまで、人類の祖先《そせん》が住んでいたと思われる。

そこに色のついた絵が描《か》かれているんだ。酸化《さんか》鉄《てつ》で赤を、木炭で黒を表し、黄色は野菜のオクラを使っていた。

バッファローなどが3Dのようにして描《えが》かれている壁画《へきが》の中に、人間の手が描かれている。

四万年前の人類の祖先が、壁《かべ》に手を当てて、吹《ふ》き矢のような筒状《つつじょう》のものから色の素《もと》を吹き付けて手の型を描いた。まだ言葉も生まれていない時代に、とんでもなく優《すぐ》れた技術《ぎじゅつ》を使って、「今俺《おれ》

はここにいて生きている」と示《しめ》したいかのようだ。

人間はそもそも、「俺《おれ》は今ここにいる」という、言葉をこえる叫《さけ》びを持っていて、それが体の中からほとばしっているのではないか。

「欅坂《けやきざか》46」の歌には、まさに「俺は俺」「私《わたし》は私」がこもっている。みんなと違《ちが》う「私」が今生きている。そう伝わってくる。

人は弱い。

「みんな一緒《いっしょ》」という、一瞬《いっしゅん》美しく感じるようなフレーズにだまされてはいけない。

弱いから家族を作り、家族だけではアフリカのサバンナで生きぬけないからコミュニティーを作った。「人間」という言葉を見ればわかる。人と人の間に存在《そんざい》するもの。

けれどコミュニティーができると、今度はだんだん息苦しくなる。

「人」という字は、ひとりがもうひとりを支《ささ》えているように見える。確《たし》かに、人がひとりでは生きていけないことを字そのものが示しているように見えるが、よっかかって預《あず》けるだけになってしまっているようにも見える。

人間と人間の関係の中で生きながらも、それを構築《こうちく》している自分を忘《わす》れてはならない。大事なのはまずは自分で、その自分を見失わないでいたい。

4 他人の呪縛

縛《しば》るつもりはなくても、人間って、他人を無意識《むいしき》に縛ってしまうことがある。縛られる側は、初めは愛されているって理解《りかい》していても、だんだんにうざくなる。うざくなるならまだしも、相手を好意的に受け止められない自分を責《せ》めたりする。

大好きな母に縛られる

『四月は君の嘘《うそ》』（新川直司《あらかわなおし》／講談社《こうだんしゃ》）を読んだことがあるかな。

体罰《たいばつ》をともなう厳《きび》しいレッスンを重ね、数々《かずかず》のピアノコンクールで優秀《ゆうしゅう》な成績《せいせき》を残してきた主人公の有馬公生《ありまこうせい》。公生がそのレッスンに耐《た》えられたのは、病気の母親を喜ばせ元気になってもらいたかったから。ある演奏《えんそう》での満足な出来をもって、かけよった公生を、それでも叱責《しっせき》する母。「お前なんか死んじゃえばいいんだ」といってしまう公生。それが最後の言葉となった。母親は亡《な》くなった。公生は演奏中、自分のピアノの音が聞こえなくなり、ピアノを弾《ひ》くことをやめてしまう。

僕《ぼく》らが生きていく上で、母親という存在《そんざい》は、とても大きい。父ももちろん大きいが、母親に特別な意味を求める人も多い。

でも母親もひとりの人間。母親自身がつまずきながらも必死に生きている。ひとりでひとりの人生を生きている。

それでも、母親に、こう在《あ》ってほしいというイメージ〈たいがい世間のイメージである〉が、自分にあるとする。母親がそれと違《ちが》ったら、こどもの自分も合わせてダメになるなんてことは絶対《ぜったい》にないし、そんな思いは避《さ》けたい。

岡本太郎《おかもとたろう》という芸術家《げいじゅつか》がいた。大阪《おおさか》で万博が開かれた時、〈太陽の塔《とう》〉という作品を作った。独特《どくとく》なものを作る人だ。いつも時代に風を起こしていた。岡本太郎の母親は岡本かの子。文学者だ。母親自身が文学の世界をそのまま生きるような人だった。こどもを育てることに興味《きょうみ》を持てない人だった。岡本太郎は、関係なく、ものすごい作品を作りつづけ生きぬいた。

ビートルズのジョン・レノン。彼《かれ》の母親も、こどもを育てることに興味がなかった。彼は親戚《しんせき》に預《あず》けられた。関係なく、彼は巣立ち大活躍《かつやく》をする。このお母さん、プレスリーというロックンロールの神様みたいなミュージシャンが好きだった。だからジョン・レノンはプレスリーの影響《えいきょう》を受けている。母親の影響がこんな風に現《あらわ》れている。愛の形はひとつじゃないんだよね。

『車輪の下』などたくさんの名作を残しているヘルマン・ヘッセ。彼は施設《しせつ》に入れられたことで母親を恨《うら》むなどした中で、書店員などを経《へ》て作品を発表し、ノーベル文学賞をとるまでになる。

どんな母親、どんな父親から生まれたか、どんな家柄《いえがら》で育ったか、なんて関係ないんだ。

呪縛を解き放つ「愛」

公生《こうせい》が十四歳《さい》の春、個性豊《こせいゆた》かな宮園《みやぞの》かをりと知り合う。再《ふたた》び公生の中に生きる力がわいてくる。ピアノに向かえるようになっていく。しかし、かをりは不治の病が悪化していく。公生は音楽に向き合い、ピアノコンクールに出場する。弾《ひ》きながら、難病《なんびょう》の手術《しゅじゅつ》を受けるかをりに、この音が届《とど》けと、心の叫《さけ》びを送る。しかし、かをりは帰ってこなかった。「私《わたし》は君の心に住めたかな」「君が好きです。ありがとう」という言葉を残して亡《な》くなった。

かをりの愛は深かった。「愛」が呪縛《じゅばく》を解《と》き放ったんだ。

そして公生《こうせい》は、かをりとの日々《ひび》の中で、大事なことに気づいていったんだと思う。お母さんに限《かぎ》らず、誰《だれ》しも人は他人を呪縛《じゅばく》してしまう可能性《かのうせい》がある、と。

たくさんの言葉に縛られている

僕《ぼく》たちの生活の中に、呪縛はたくさん隠《かく》れている。

たくさんの言葉も僕らを縛《しば》る。

「いつも偉《えら》いわね」「大きな人間になれ」「高みを目指しなさい」……こんな言葉たち、一方的にかけられても、うんざりしちゃうね。

くだらない言葉はいっぱいある。

「お兄（姉）ちゃんでしょ」「もう中学生でしょ」「高校生なんだから」「もうこどもじゃないんだから」勝手な言い分だよね。

大人って、こどもに、まだまだこどもといったり、もう大人っていったりするね。だいたいは大人の都合のいいようにね。ずるいな。

「男の子らしく」「女の子らしく」くだらねえよな。「男前」な女子だって素敵《すてき》だよ。「女子力」強い男子も魅力的《みりょくてき》。

男の子、女の子である前に、人間としてどう生きているか、だろ。

人間はみんなくだらないところを持ってる。でも、丸ごとくだらないやつはいない。くだらないところがあるというのは、みんなそう。

お互《たが》いにくだらなさを持つやつ同士が、もっとしっかりしろよ、なんて相手にいったりして。

いってるそいつは本当にしっかりしているのか？　疑問《ぎもん》だ。

僕たちは、乱暴《らんぼう》な言葉を疑《うたぐ》って見てみよう。いってくるあんたは、まずどうなんだ、ってね。

自分で自分を縛る

人間という生き物は、無意識《むいしき》に他人を縛る。

実は、呪縛は他人に対してだけじゃない。

自分で自分を縛ることもある。

公生はそのことに気づくんだ。きっかけはお母さんでも、ずっとお母さんの呪縛ではなかった。

自分で自分にしていた呪縛《じゅばく》を、公生《こうせい》は解《と》き放っていく。そこからがほんとうの公生の物語だ。

自分とは違う感じ方をする他人がいる

かをりの存在《そんざい》は大きい。

愛するということを通して、相手も自分も自由になることが大事。

ひとを愛すると、自分のことだけでなく、相手のことも気になるだろ。それが本物じゃないときは、愛という呪縛の深みにはまり、実際《じっさい》は自分のことしか考えていないから、相手を自分と＝《イコール》に思って、呪縛をしてしまう。

自分の目線を外に向けてみる。大好きなひとそのものへ目を向ける。

自分とは違《ちが》う人間である他者を意識《いしき》することが大切なんだ。自分と同じ考え方をしない、自分とは違う感じ方をする他者がいることに気がつくだけで、自分の周りに張《は》りめぐらされた、自分を縛《しば》っている縄《なわ》が緩《ゆる》んでいく。

僕はまだ呪縛の中にある

僕《ぼく》は、一歳《さい》十か月の時に、育ての親にもらわれてきたみたいだ。

二歳くらいの子を見たことがあるかな。第一次反抗期《はんこうき》が始まっている子が多い。「魔《ま》の二歳児《さいじ》」っていってさ、イヤイヤ期にいるんだ。なんでもイヤイヤっていう。

君たちは第二次反抗期っていわれたことがあるかな。自我意識《じがいしき》のために、とっても大切な時期だよ。

二歳になれば、いろんなことを考えている。悲しいことも嬉《うれ》しいことも。複雑《ふくざつ》な脳《のう》も心も働き出している。

その二歳くらいのこどもが、突然《とつぜん》、初めてみるひとをお父さんといいなさい、お母さんといいなさい、といわれたら、どう思うんだろう。

僕の新しい家は、貧乏《びんぼう》だった。醤油《しょうゆ》や味噌《みそ》を近所で貸《か》しあう、落語に出てくるような長屋だった。

実の父と母をよく知らないけど、両方ともお金持ちの家の出身だったようだ。

とても大きな家から長屋に連れてこられて、ここが今日からお前の家だといわれた僕は、けっこうショックだったんじゃないかな。二度とこんな悲しい思いをしたくないって、もしかしたら僕は思ったのかもしれない。ここは想像《そうぞう》。よく覚えてはいないんだ。

またこの家でも捨《す》てられないようにしないといけないって、きっと僕《ぼく》はいい子でいることを演《えん》じはじめたのではないか、と勝手に推測《すいそく》している。

いい子を演じている自分を感じていたから、できるだけピュアに、自分の悲しみや切なさや怒《いか》りをちゃんと表せるような人間になりたい、と思いつづけてきた。

これが、自分で自分にした呪縛《じゅばく》を解《と》き放っていこうとする、僕のケース。

君たちに偉《えら》そうにメッセージを贈《おく》ろうとしているこの僕も、まだまだ人生の途上《とじょう》にいるんだ。そうはっきり意識《いしき》しているんだよ。

いわば同志《どうし》なんだ。

こんなふうに、人間ってめちゃくちゃめんどうだけど、めんどうだからおもしろいんだ。だから七十年人間をやってきても、飽《あ》きないで済《す》んでるよ。

5 「死にたい」という呪縛

過去に縛られる

大学生の時に、友達に自殺を予告された。それなのに止めることができなかった。未だにその友達の死を引きずって生きている、という女性《じょせい》がいる。

この女性は、彼《かれ》の、今もあったかもしれない命のことを考えるだけで、涙《なみだ》が出てくるという。

親しい人の自殺に、周りは深い傷《きず》を負う。特に家族はそれが大きい。自分をどうコントロールしていったらいいか、みんな、闇《やみ》の中でもがく。

僕はX JAPANが好きで、コンサートにも行く。「Forever Love」も「ENDLESS RAIN」もバラードの名曲だ。その曲作りに、もしかしたら、YOSHIKIは、どこか父親の自死を重ねているかもしれないな、と思う。

人生の途中《とちゅう》で誰《だれ》かの自殺に出会うと、みな、重いものを引き受けて生きていくことが多い。

一度でも死にたいと思ったことがある君へ

死にたいって思うこと、誰にもありうることだと思う。僕もある。そんなとき、苦しいよね。しんどいよね。

あまりに苦しいと、生きているより死んでしまったほうがずっと楽だろうって思うの、わかるんだ。

医者になろうとがんばってた、僕《ぼく》の医学部時代の同級生は、自殺をした。彼《かれ》のお父さんとお母さんのすむ実家へ、なんどもお線香《せんこう》をあげにいった。

彼のお兄さんはすでに医者になっていたんだけど、当直中に突然死《とつぜんし》した。病死だった。お父さんもお母さんも、ふたりが医学部に入ってものすごく喜んでいた。それが突然《とつぜん》、ふたりともこの世からいなくなった。ご両親の打ちひしがれた顔が忘《わす》れられない。あんな顔を誰《だれ》かにさせることは、どんなことがあっても、絶対《ぜったい》にだめだって思った。

それでも「死にたい」気持ちを完全になくすことは難《むずか》しい。急に襲《おそ》ってきたりじわじわ染《し》み入ってきたり。生きていることが嫌《いや》になる理由なんて、いくらでもあるよね。親と喧嘩《けんか》、友達から無視《むし》、先輩《せんぱい》に脅《おど》かされる、成績《せいせき》が悪かった、なかなか体調がよくならない……。ありすぎるほどのたくさんの理由。

だけど、どうかこう信じてほしい。今、とてつもなく辛《つら》いけど、それが変化する時が必ずくるって。

あなたは、前を向けないまま生かされる人間じゃない。

ふたつもみっつも、辛さが重なることだってあるだろう。それでも。なんとか生きていってほしい。

涙《なみだ》が止まらなくなることもある。あまりにも悲しすぎて涙さえ出ないこともある。それでも。人は生きていけるように生命体としてできている。これを頭のどこかにおいておいてほしい。

例えば、今、いじめを受けているあなた。

負けずにがんばれって周りはいうかもしれない。そんな言葉じゃ救われないよね。そもそも他人が誰かの人生の勝ち負けを決める資格《しかく》なんてない。

逃《に》げてもいいんだよっていってくる人もいるだろう。逃げるのも力がいるよな。そんな力、なくなるほど傷《きず》ついているかもしれない。

そんな時は誰かにおんぶに抱《だ》っこでいい。

生きていてくれ。

こっちは逃げなのかな？って思う方向だって、「逃げ」なんて呼《よ》ばなくていい。君の選んだ生きていく方法は、君だけがジャッジすればいいんだ。「負け」とか「逃げる」とかそんな分類は不可能《ふかのう》なのが、人生だ。

今思えるより、生き方は無限だ。
すべての人の中に、生きる力が必ずある。

6 「いじめ」という呪縛

人間はなんで「いじめ」なんてしてしまうんだろうね。くだらないってわかっているのに、いじめはなんでなくならないんだろう。

いじめられていた子が学校に来なくなった、引きこもってしまった、自らの命を絶ってしまった……。取り返しのつかないことがある。あんなことをいわなかったらよかった……。自分はいじめてないけど、見て見ぬふりしてしまったもんな……。後悔は残る。

時間は戻せない。

人間は弱い生き物だから、人間関係は大切。でも、もっと大切なのは自分だよ。

ひとりひとり、それぞれ、自分が大事。

お互いに自分を見失わなければ、いじめなんて余計で邪魔くさいだけってわかるだろう。

いじめられて自殺した人は、みんなに理解してもらえず悲しかっただろうね。苦しかっただろうね。さみしかっただろうね。辛《つら》かっただろうね。
もうどうすることもできないと思ってしまった時、何がよぎったろう。「呪《のろ》ってやる」
……そんな思いもあったかもしれない。本人だけでなく、例えばその人の親はその時、
今、未来、どんな思いでいるだろう。いじめた人のことも、見て見ぬふりをした人のこ
とも、呪いたいような気持ちでいるかもしれない。
呪われる人生なんて、あえて選ぶ必要ないよな。
みんなでいじめの火が小さいうちに消そうよ。
ひとりひとりが、いじめられる側の立場に立って考えてみたら、震《ふる》えるだろう。
そんな火、いらないよ。
人間は、本当にやっかいな生き物だ。
人間を、今そこに見えるひとたちだけでなく、もっと広く大きく見られるといいな。

命の終着駅

次のページの写真を見てほしい。
この線路、なんだかわかるかい。

線路はここで突然《とつぜん》終わるんだ。プラットホームもない。

今から八十年くらい前の話。

ヨーロッパ各地の線路がここにつながっていた。

たくさんのユダヤ人が貨車に詰《つ》めこまれて運ばれてきた。馬や牛を運ぶ貨車にすし詰《づ》めにされて人が運ばれてきたんだ。

ここで長い旅は突然終わる。

命の終着駅だ。

降《お》りる瞬間《しゅんかん》、その人の持っている価値《かち》が判断《はんだん》される。

弱そうで働けない、と判断されると、すぐに、写真に見えている林の、向こう側にかつてあった建物に入れられた。ガス室だ。

働けるとみなされた人間は、この線路の右側にあったバラック建ての宿舎《しゅくしゃ》に入れられ、十分な食べ物も与《あた》えられず、重労働をさせられた。

多くの人間が、死んでいったんだ。

この写真の下の方に写っているものは、なんだかわかる？

これ、トイレなんだ。

決められた時間にしか使用させてもらえなかった。

隣《となり》の人が排泄《はいせつ》をしているのが見えるようなところで、逃《に》げないように見張《みは》られながら用を足さなくちゃいけなかった。

とんでもないことだよね。

こんなの耐《た》えられないだろ。

これらの写真は、ポーランドのアウシュビッツ・ビルケナウという収容所《しゅうようじょ》に、僕《ぼく》がいったときのものだ。

こういう収容所が何か所もあった。

当時、全部で六百万人ほどのユダヤ人が殺されたという。

「下等」な人間なんていない

ユダヤ人っていうだけで、意味もなく迫害《はくがい》された。

ユダヤ人は、ビジネスがうまくて、お金持ち、と勝手に思われた。みんながみんな、そうではないのに。「金貸《かねか》し」と勝手なレッテルを貼《は》られて、見下された。

迫害した人は、自分たちも、国の権力《けんりょく》を持った人から、迫害を受ける可能性《かのうせい》がある。それで、自分よりもっと迫害を受けやすい人を存在させておくことで、安心したり彼《かれ》らよりは自分の方がマシだと思ったりしながら、間違《まちが》った優越感《ゆうえつかん》を持ってしまった。あの人たちよりは自分たちの方がまだ少し幸せ、という誤《あやま》った考え方をしてしまった。

「上等」な人々《ひとびと》がいるわけではない。勝手に下等な人々を作る事によって、自分たちは「上等」な人々だと錯覚《さっかく》をするのだ。

「同質」な人間なんていない

自分たちを同じ仲間と思いこみたいために、他のあいつらは異質《いしつ》、と思うことによって、そう、異質な人間を「作る」ことによって、同質《どうしつ》な仲間の幻《まぼろし》をみる。初めから「同質」なんてもの、ないのにね。あいつらは「不純《ふじゅん》」ってレッテルを貼れば、純粋《じゅんすい》なんてよくわからない基準《きじゅん》のものに自分たちを当てはめ、自分たちは「純粋」なんだ、といいやすくなるんだよ。「スクールカースト」なんてのが発生しちゃうのも同じような原理だ。

不純な人間も下等な人間もいやしない。

ひとりの人間の中に、いいところもあれば悪いところもあるってだけの話。あったかいところもあれば冷たいところもある。ひとりの人間の中に多様なキャラクターがぎゅっと存在《そんざい》しているんだ。それが人間。だから人間はおもしろいんだ。

人間は、大人もこどもも、「いじめ」をしてしまいやすい性質《せいしつ》をもっている。でも、自分がもしそれをされる側になったら？と考えられる想像力《そうぞうりょく》ももっている。自分が辛《つら》い、耐《た》えられない、と思うことは、人にもしない、という行動力もあるはずなんだ。

みんながひとりひとりの中にある多様性《たようせい》を認《みと》め、人間は多様な存在であることを理解《りかい》していることが大切なんだ。

気に入らないやつは大事

いろんな人間がいるってこと。これ、とても大事。気に入らないからといって排除《はいじょ》してしまうなんて愚《おろ》かだ。気に入らないやつがいることが、自分が属《ぞく》しているクラスにとって、世の中にとって、大事。

自分は気に入らない何か、自分とは違《ちが》う何かが、自分にはできないやり方で、世の中をいい方に変えることだってある。排除してたら、その可能性《かのうせい》はゼロだ。

みんなが同じ人間になろうとなんかしないほうがいい。いや、なれっこないんだ。

考えない人間が多くなって、力を持っている人のいいなりになる人が増《ふ》えると、残酷《ざんこく》な行為《こうい》が行われやすい。いうことを聞かせやすい存在にその人をしてやろうと、どんどん残酷になるんだ。

同じような人間だけで集まろうなんて考えないことだね。ちょっと変わった他人の存在を認める。これが、僕《ぼく》たちみんなが生きぬいていくために必要なんだ。

7 「絶望」という呪縛

アウシュビッツの収容所《しゅうようじょ》に行った時、こんな話を聞いた。

過酷《かこく》な労働と栄養失調で、肉体が続かず死んでしまう人が多かった中で、わずかだが生き残った人がいる。

どんな人が生き残っただろう。

生きぬくために必要なもの

「希望」がないと、人は生きぬけなかった。「希望」をなくし、精神《せいしん》的に参って病死するか自死を選んだ人は多い。

いつでも収容所《しゅうようじょ》の中では嘘《うそ》のニュースが広がったという。ユダヤ人を迫害《はくがい》したナチスドイツと戦っていた、イギリス、フランス、アメリカなどの連合国の軍が勝ちだした、この収容所が解放《かいほう》される、連合国軍がユダヤ人を救いにやってくる、それも収容所のすぐそばまできている……そんなフェイクニュースが収容所の中に蔓延《まんえん》した。みな「希望」にしがみついたんだ。

しかし、待てども待てども連合国軍はこなかった。ここで心が折れて、多くの人が亡《な》くなったという。

希望を持ちつづけられないと、生きぬけなかったんだ。

もうひとつ大切なものがあった。

なんだと思う?

呪縛からの解放

それはね、「丁寧《ていねい》な生活をする」ってことだった。

そこでは、自分の持ち物は全部取り上げられていた。あるのは収容所の縦縞《たてじま》の服だけ。

それでも、起きるとその服の泥《どろ》を払《はら》い、できるだけ綺麗《きれい》にして着ようとするひとがいた。われたガラスの破片《はへん》を拾っておいて、それをカミソリの刃《は》にしてヒゲを剃《そ》るひとがいた。そういうひとが生き残ったというんだ。

人間が生きていく上では、あたりまえのことをあたりまえのように淡々《たんたん》とすることが大事なんだね。特に辛《つら》いときにね。

なかなか答えが出ないことがあるとする。

悶々《もんもん》と考えつづけるよりも、毎日変わらずに歯を磨《みが》こう。

アウシュビッツで、歯ブラシを取り上げられても指で一生懸命《いっしょうけんめい》歯を磨いたひとをイメージしてみよう。死ぬか生きるかの時に、歯を磨くなんて関係なさそうじゃない？　でも大いに関係があった。

一見どうでもよさそうなことを大事にするのが大事だった。

それから、朝起きたら、まず体操《たいそう》したりストレッチしたりしてみるといい。

辛いことがあったとき、身だしなみを整えたり体を動かしたりして、そして、ご飯を食べる。できたら、「おいしい」って声をあげてみて。夕日が沈《しず》むのを見たとき、「キレイだな」と独《ひと》り言をいってみて。

生きていると、絶望《ぜつぼう》と思えることに出会うことがある。そんな時こそ、道端《みちばた》の小さな花を見て「かわいいね」なんて声を出してみる。

君たちを「絶望」させようとしているものが、いつだって狙《ねら》っているかもしれない。だけど、こうやって絶望という呪縛《じゅばく》から解放《かいほう》されることはできる。それをどうか忘《わす》れないでいてほしい。

8 「仲間」「友達」という呪縛

クラスに気の合う仲間や友達がいると嬉《うれ》しいよね。いい仲間がいれば、学校生活は楽しくなる。

でもそれに縛《しば》られちゃってないかい。仲間の目を気にして、仲間だから、を理由にして行動を制限《せいげん》しちゃっていないだろうか。

仲間って本当はもっと自由なもんだ。

例えばＡＫＢ48。総選挙《そうせんきょ》なんか見ていると、自己主張《じこしゅちょう》して戦っている。あれがもし、おんなじような人がおんなじようなことといってたら、選挙にならないよね。

自分を出して戦うの、これ、とってもいいこと。自分たち仲間が生き生きしていくためには、自分たちの中でも、ひとりひとりがきちんと主張して、自分を抑《おさ》えないで表現《ひょうげん》していこうとする。これ大事なんだ。

ＡＫＢ48を去っていくメンバーの中には、達成感を感じて卒業するひともいるだろうし、自分と肌《はだ》が合わなくてやめるひともいるだろうね。この、去る理由も様々《さまざま》ってことも、とても大事。

「外れ」にされるのではなく「外れ」てみる

僕《ぼく》はひとりっ子で寂《さび》しがり屋で友達を大事にするけど、だからといって、自分を失うのは嫌《いや》だし、無駄《むだ》なものに振《ふ》りまわされたくないっていう方が強い。

仲間といて息苦しくなったら、自分から「外れ」ちゃえばいい。一時的でもいいし、ずっとでもいい。

仲間外れに「される」とくやしいよな。「あ、自分はもっとおもしろく生きていくんで！」って、自分から「外れ」を選択《せんたく》するのも、オススメ。

一生に一回だけの人生。

友達の顔色を見て生きるより、自分の顔色を血色よくしようぜ。

なかよくしなくていい

気が合わないやつは必ずいる。そんなやつとうまくやろうとなんかしなくていい。でも相手も一生懸命《いっしょうけんめい》に生きている。そいつの全存在《ぜんそんざい》を否定《ひてい》する必要もないし、そんな資格《しかく》、誰《だれ》にもない。それぞれにいい距離《きょり》を探《さぐ》っていけばいい。関係性《かんけいせい》にこだわらずにいればいい。関係をよくするためにおべんちゃらを使う必要はないけど、無視《むし》する必要もない。

さみしそうにしていたり、不器用で人の中に入ってこられない人を見ると、僕《ぼく》はほっておけないんだ。「友達屋」に変身して近づきたくなる。僕自身がさみしがり屋だからね。さみしさを感じている人ってわかるんだ。これも、自分から出たほんとうだから、アリだよね。

友達は宝《たから》。それはそうだと思う。いっぱいいてもいいし、ひとりしかいなくてもいい。いなくても、今はいないだけかもしれない。

お互《たが》いに「友達かどうか」なんて確《たし》かめる必要ないしね。友達だなあ、って自分がじわーっと感じるだけだっていいんだ。友達作りを疲《つか》れるまでしなくていい。

第2章 脱・自縛

1 自分の中にある「暴力性」を克服する

自分で自分を縛《しば》ってしまう呪縛《じゅばく》もあるって話したね。それを「自縛《じばく》」という。

脳は戦ってでも生きぬきたいと思っている

アフリカのサバンナに人類は生まれた。我々《われわれ》の祖先《そせん》は愛を学び、家族を作りコミュニティーを作って生きぬこうとした。人間は哺乳類《ほにゅうるい》の中では弱い生き物で、それでも、脳《のう》の中には戦う中枢《ちゅうすう》がある。

脳幹視床下部《のうかんししょうかぶ》――これって「本能《ほんのう》」っていうんだけど、「食べたい」「寝《ね》たい」「生きぬきたい」って、脳の奥《おく》の方でこの本能が無意識《むいしき》に自分を守っているんだ。

人類は、自分のために、戦ってでも生きぬきたいという本能を持っている。自分の命を守ろうとする本能だ。これはとても大事なんだ。

でもね、これが過剰《かじょう》になると危《あぶ》ない。人を傷《きず》つけてしまうんだ。戦争にまで発展《はってん》することもある。

人間ってね、みんな、不器用なんだ。

百七十万年前の「愛」

ケニアの首都ナイロビから北へ九百キロほど行ったところに、トゥルカナ湖という世界遺産《いさん》の湖がある。「トゥルカナ・ボーイ」という若《わか》者《もの》の骨《ほね》が発掘《はっくつ》されていて有名だ。

あまり有名ではないが、百七十万年前の「トゥルカナ婦人《ふじん》」という成人した女性《じょせい》の骨も出土している。骨を並《なら》べてみると、足に奇形《きけい》があり、生まれながらにして歩けなかった可能性《かのうせい》が強いとわかった。

その骨を分析《ぶんせき》してみると、ビタミンD過剰《かじょう》症《しょう》、栄養過多《かた》なのである。

生まれつき障害《しょうがい》があり歩けなかった女性が、

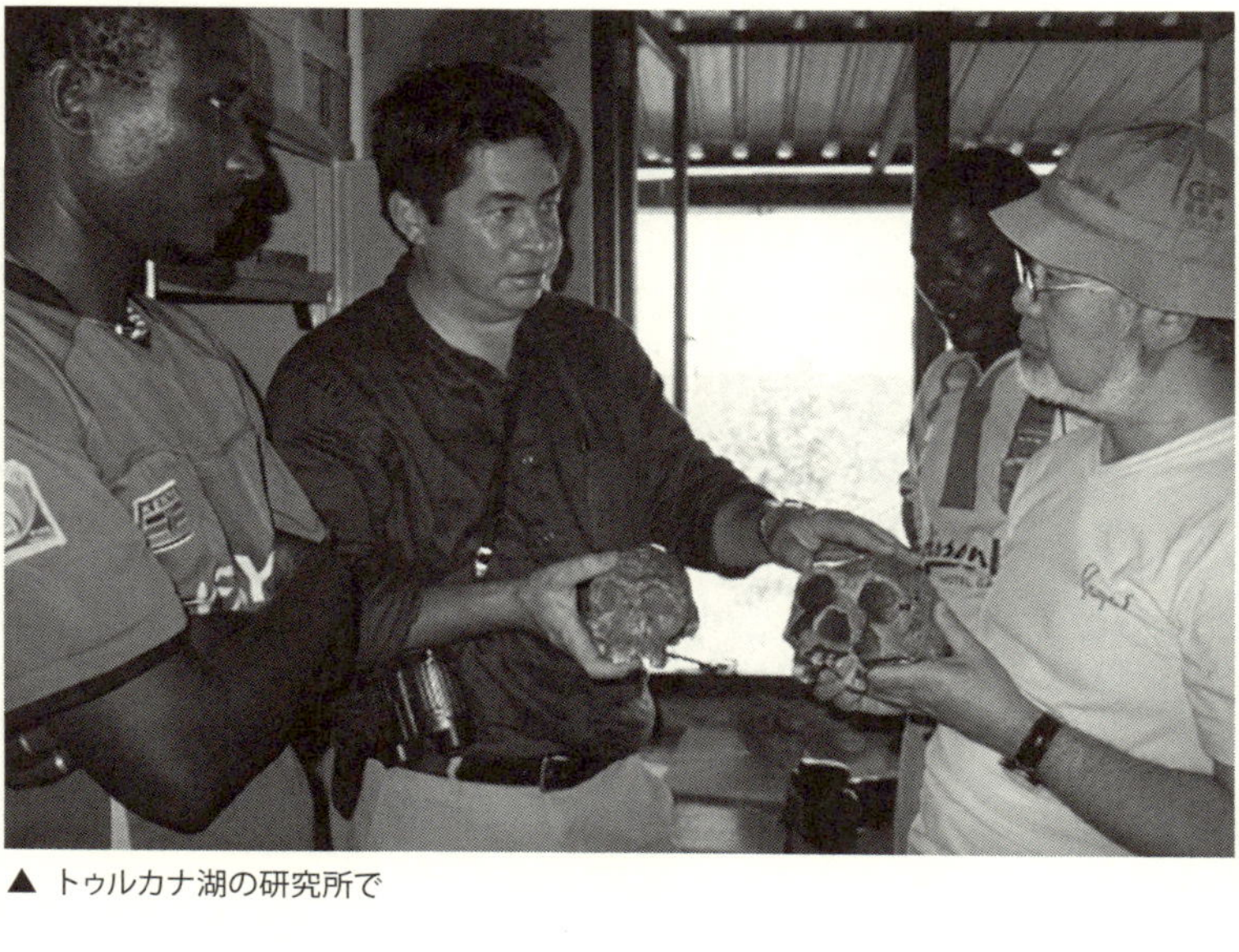

▲ トゥルカナ湖の研究所で

この時代に大人になるまで生きていて、車椅子《くるまいす》もコンビニもないような時代に、栄養過多なんて、信じられなかった。

なぜなんだろう。

我々の祖先は弱者を助けていた

僕《ぼく》たちの祖先《そせん》は、弱い立場の人々《ひとびと》に手を差しのべていたんだろう。誰《だれ》かが魚や獣《けもの》の臓《ぞう》物《もつ》を届《とど》けていたのだ。内臓《ないぞう》を食べないと、ビタミンD過剰症は起きにくい。人間という生き物は、自分が生きるために残酷《ざんこく》なこともしてしまうが、こうやって言葉もなかった時代にだって、弱い立場のひとに手を差しのべていたのだ。

そうさ。君の中にも、大嫌《だいきら》いなあいつの中にも、この優《やさ》しさがあるはずなんだ。なかなか表に出てこないこともあるけどね。

自己主張する生き物

南アフリカの洞窟《どうくつ》に住んでいた、約十万年前の人の祖先は、お化粧《けしょう》をしていたと思われる。みんなと違《ちが》う自分を表現《ひょうげん》したかったんだろう。まだこの時も言葉は生まれていない。言葉より先にあった、自己主張《じこしゅちょう》。

こういう血を、僕《ぼく》たちは受け継《つ》いでいる。

人間はもともと自己主張する生き物なんだ。

「ほどほど」を忘れずに

自己主張は大切だが、自分ファーストになりすぎると、僕たちの中にある凶暴性《きょうぼうせい》が暴《あば》れることがある。

他人に対してだけじゃない。時には自分に対しても、だ。

自らをいじめ、心に傷《きず》を作る。

人間はやっかいな生き物だ。

脳《のう》を大きくして、僕らは複雑《ふくざつ》な心を作った。

そこで、人間にとって、大事なことがあるんだ。

なんだかわかるかな?

「ほどほど」とか「がまん」なんだよ。

2　脳内神経伝達物質に操られるな

「快感ホルモン」にだまされるな

脳内《のうない》には「快感《かいかん》ホルモン」がある。1章の2で出てきたドーパミンだ。これが分泌《ぶんぴつ》されると快感を感じる。なんか嬉《うれ》しくなっちゃうんだ。

ネットでゲームなんかやってて、勝ちだして、相手を打ち負かすと、世界を制覇《せいは》したような気になる。モンスターや敵《てき》を倒《たお》して快感を得て、そのたびにドーパミンが出る。

大人でさ、パチンコ依存《いぞん》になって、毎月何十万損《そん》しても、やめられなくなってしまうのって、ドーパミンっていう快感ホルモンに操《あやつ》られてしまっているんだ。こういう仲間にアルコール依存症《いぞんしょう》ってのもある。

快感ホルモンを利用する

例えば、勉強して成績《せいせき》がよくなった時に、先生や親に褒《ほ》められたら、ちょっと嬉しくなるじゃない。その、嬉《うれ》しくさせているのは、このドーパミンっていう快感《かいかん》ホルモンなんだ。

一回成功すると嬉しくなって、もっと!と思って、それが達成されると、さらにたくさんのドーパミンが出て、さらに嬉しくなるんだよ。百メートル十三秒で走っていた子が、十二秒になって、地区大会で優勝《ゆうしょう》するなんて時もそう。ドーパミンっていう脳内神経伝《のうないしんけいでん》達物質《たつぶっしつ》が、心を動かしている。

これを上手に使えば、自分の人生をもっとおもしろくできる。

ゲームの仮想《かそう》の世界で快感を得るだけなのは、もったいないよ。

出そう、喜びホルモン

リアルな世界で成功したら、もっと強力な喜びホルモンが出るんだ。幸せホルモンの、「セロトニン」という、脳内神経伝達物質だよ。感動の程度《ていど》が違《ちが》うんだ。

リアルな世界で成功するためには、どっかで努力も必要で、努力して成果をあげたら、喜びホルモンが出る。そしたら人生がもっとおもしろくなるんだ。

努力にはがまんがつきものだったりするよね。詳《くわ》しくは5章の3で話すけど、がまんして先延《さきの》ばしする能力《のうりょく》って、未来を変えるんだ。

がまんができないひとでも、小さな成功体験を積み重ねていくと、「がまん力」を鍛《きた》えることができる。

「がまん」は目標じゃない

がまんをすればいいってもんじゃない。

あくまでも目標は、自分の人生を魅力的《みりょくてき》に楽しく、やりたいことを自由にやれるようにすること。これだ。

そのための、少しだけのがまんが必要なんだ。

決して「がまん」そのものが目標じゃない。誤解《ごかい》しないでほしい。いろんなことをがまんして勉強して、評判《ひょうばん》のいい有名校に入ることが、目標ではない。

より自分が自由になって、おもしろい仕事をしながら人の役にも立つような人生にするために、ほんの少し自制《じせい》する心が大事だということなんだ。

自分を幸せにするホルモン

幸せホルモンはふたつある。

まず、感動するときに出るホルモン。

誰かにあったかい言葉をかけてもらってじーんとしたとき、脳内《のうない》にはさっき出てきたセロトニンという幸せホルモンが出る。

道端《みちばた》の雑草《ざっそう》に小さな花を見つけたとき、「雑草にこんなかわいい花が！　気がついたの、わたしだけかも」って思うとする。そのときも、セロトニンが出ている。

このホルモンがちゃんと出ていると、大人になってからも、うつ病になりにくいといわれている。

ご飯を食べているとき、「おいしい」って口に出してみよう。そうすると、幸せホルモンが出るよ。

下の写真のイラクの子は、両親をテロリストに殺された。

元気を失っていたけど、食事をしっかり食べはじめたら、元気をとり戻《もど》したんだ。「生きよう」と思いはじめたんだよ。

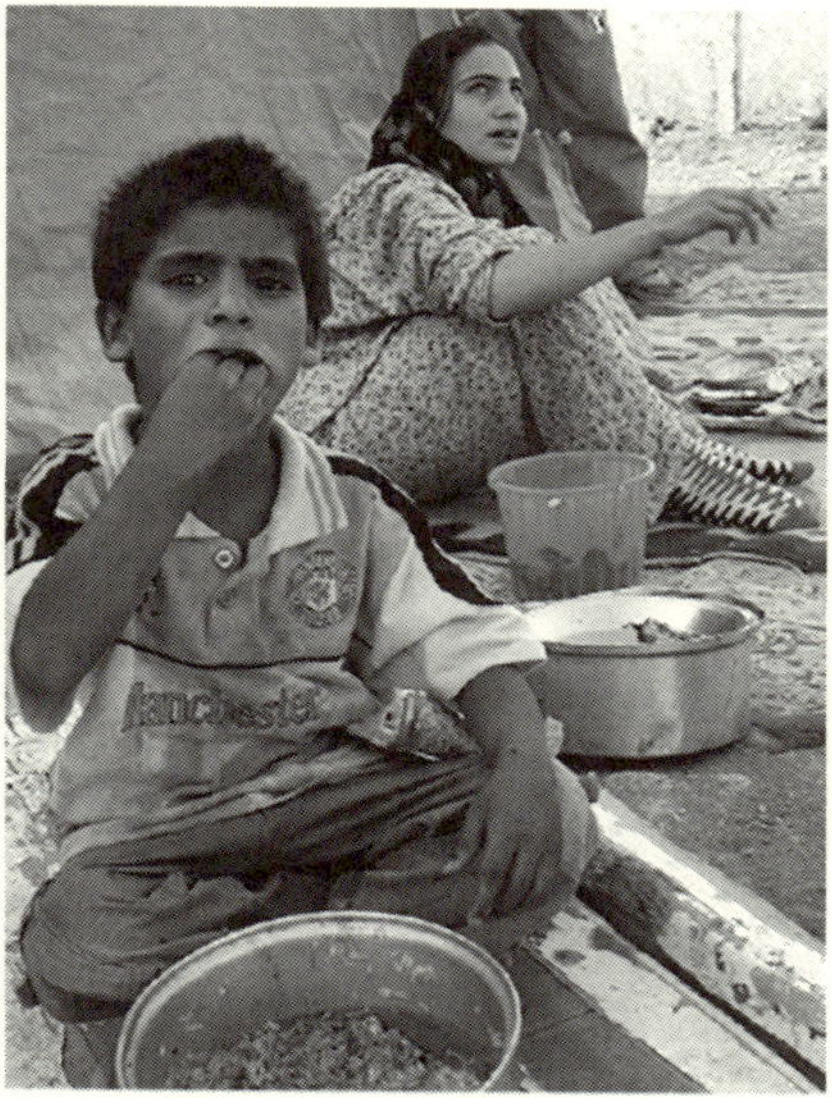

はずかしいけどうれしいコロッケ弁当

僕《ぼく》の母親は、体が弱く入院している事が多かった。たまにうちに帰ってきたとき、学校に持っていくお弁当《べんとう》を作ってくれた。みんなのうちのお弁当とは明らかに違《ちが》っていた。手のこんだ料理はできなかった。肉屋さんでコロッケを買っておく。そのうちの一個《こ》が夕飯のたったひとつのおかずになる。

おかずがひとつでも、母親がいるだけで幸せだった。

翌朝《よくあさ》、残しておいたコロッケにしょうゆと砂糖《さとう》で味つけをして、お弁当箱のご飯の上にどんと乗っけてくれる。コロッケ弁当だ。他にはなんの彩《いろど》りもない。学校でみんなに見せたくなかった。みんなのお弁当は赤や黄色や緑が入っていてとってもきれいだった。誰《だれ》にも見られたくなかったけど、僕は幸せだった。「うまい」って自分の中では大満足していた。

いまでも丼《どんぶり》物が大好き。カツ丼《どん》でもコロッケ丼でも、ご飯に味がしみているものが好き。あの時の僕とつながってるんだね。

高価《こうか》かどうか、見た目がどうか、は問題じゃないんだ。僕《ぼく》を幸せにしてくれている。セロトニンが脳内《のうない》に出ているんだよ。

他人も幸せにするホルモン

幸せホルモンはもうひとつある。「オキシトシン」ていうんだ。人を幸せにしたとき、自分の中に出てくるホルモン。

これが人間のおもしろいところで、相手の身になって行動していると、自分の脳内にこの幸せホルモンが出てくる。

自分のことしか考えない、自分勝手は、このオキシトシンが出ていないから、本当の幸せを感じていない可能性《かのうせい》が高い。

自分の人生を幸せにしようと思ったら、感動すること。そして相手の身になること。

このふたつが大事なんだな。これ、ぜひ覚えておいて。

やる気のもと

自分でバンバン勉強しちゃうやつ。スポーツでどんどん自分で自分に課題を作って克服《こくふく》していくやつ。

やる気満々《まんまん》の人の脳内はどうなっているんだろう。「楽しさ」なんだ。自分で自分のやることが、おもしろくなってるんだよ。

バイオリンを一日に一時間も二時間も練習させられると、たいてい、こどもはうんざりする。だけど、何曲もやっているうちに、有名なバイオリニストの曲を何回か聴《き》いただけで、譜面《ふめん》がなくても弾《ひ》けるようになる。そうなったら楽しくなっちゃうんだ。そしておもしろいからまた練習する気になるんだね。好循環《こうじゅんかん》だ。

そのおもしろさを感じさせている物質《ぶっしつ》は、脳内神経伝達物質《しんけいでんたつぶっしつ》、ドーパミンさ。そう、快《かい》感《かん》ホルモンだね。

目標は自分でたてる

やる気がおこらない時。えいやって自分で小さな目標を立ててみる。それが成功したとき、このドーパミンが出るから、あとはもう自然にやる気が出てくるよ。

親や先生に「勉強しろ」なんていわれると「うるせえな」って思うよね。その前にやっちゃうのがおすすめ。いわれてやるよりか自分からやったほうが、おもしろくなるに決まってる。

できなかった事ができたら、もうしめたもの。頭の中にドーパミンが出る経験《けいけん》をしたんだからね。

自分から課題を決めて、ほんのちょっとでいい、がまん、だよ。

大事なことだからもう一回いうね。がまんが目標じゃあないよ。

君が生まれてきたのはがまんするためじゃないもんね。幸せになるため。自分の人生をおもしろくするため。そのための、人生の節々《ふしぶし》でのがまん、だよ。そうするとドーパミンが出だして、おもしろくなるからね。あっ、なんだ、人生ってめちゃくちゃおもしろいんだって、きっと思うよ。

このおもしろみを味わうためにも、僕《ぼく》たちは勉強しているんだね。

「いい」大学「いい」高校のための勉強じゃないんだ。

もっと大きく考えよう。

人生を幸せに、おもしろく。人のためにもなる。そのためのほんのちょっとのがまん。

で、勝手にドーパミン。もっと勉強したくなっちゃうかもね。

3　自縛から脱出する若者たち

たったひとりでも生きぬける

ふたりの若者《わかもの》の、大学卒業を応援《おうえん》した。

僕は、本当の親がいなくなっても、奨学金《しょうがくきん》を得て幸運にも大学を卒業できたので、社会にお返しをしたいと思っている。

そして、大阪《おおさか》で、恵《めぐ》まれないこどもに人生を捧《ささ》げている女性《じょせい》を、僕は心底尊敬《そんけい》していて、その人から頼《たの》みごとをされた時、できるだけ断《ことわ》らないようにしようと思っている。

それで、今まで、ふたりの若者の大学の授業料《じゅぎょうりょう》の応援をさせてもらってきた。

ひとりの青年は、生まれた時、父親は蒸発《じょうはつ》して、他に家族を作っていた。母親は鬱病《うつびょう》を患《わずら》い薬物依存症《いぞんしょう》。薬物を断《た》つために、一年ほど入院もした。彼《かれ》は今は天涯孤独《てんがいこどく》。母親の死因《しいん》ははっきりしない。自死かもしれない。

彼は、東北の被災地《ひさいち》へ毎年のようになんども足を運んでボランティアを続けている。彼と会うと、いつも明るくて素直《すなお》だなあ、丁寧《ていねい》に生きているなあ、と感じる。

自分は～だから、もうだめ、なんていう人生はない。どんなことがあっても、嫌《いや》なことをされても、人間はそこからまた生きる力を見つけることができる生き物。

僕《ぼく》らの脳《のう》の中には、爬虫類《はちゅうるい》や鳥類や哺乳類《ほにゅうるい》がみんな持っている、さっき出てきた、ひとと戦っても生きぬきたいと思う本能《ほんのう》があるんだ。

親に裏切られても生きぬける

もうひとりの女の子の話。父親は暴力団《ぼうりょくだん》の幹部《かんぶ》で姿《すがた》を消し、母親は水商売をしていて彼女《かのじょ》は施設《しせつ》に預《あず》けられた。

どうしてもお母さんのことが忘《わす》れられなかった彼女は、都立高校に受かったら同居《どうきょ》してもよい、とお母さんにいわれた。がんばって勉強し合格《ごうかく》した。

母親とふたり、夢《ゆめ》のふたり暮《ぐ》らしが始まった。

けれど、同時に悪夢《あくむ》の日々《ひび》になった。学校から帰るたび、母親は見知らぬ男を部屋にひき入れていた。この女の子の居場所《いばしょ》はなかった。邪魔者扱《じゃまものあつか》いだ。

お母さんから出ていけといわれた。元いた施設に戻《もど》ることもできず、新しい施設を探《さが》して入った。

「母」もいろいろ。1章の4でも話したね。お母さん自身も、愛に飢《う》えていたのかもしれない。親から見捨《みす》てられたような感覚をずっともち、そのまま大人になったことが大きいのかもしれない。

彼女は苦しみの中にいた。「私《わたし》、生きてていいのかな?」と思ったという。「もう無理。自殺しよう」とも思ったという。

しかしこの女の子は行動する。とにかく手に職《しょく》をつけなくちゃ、と、美容師《びようし》の通信教育を高校二年生の時から受け始める。高校を卒業すると、美容院《びよういん》で働いた。そして国家資《し》格《かく》を取得した。今はバリバリの美容師。

自縛《じばく》を断《た》ち切って、地道に生きている。

レッテルを自分で貼るな

人間は弱い。弱いけど強い。

「自分はだめ」「自分は弱い」というレッテルを、自分で貼《は》ってしまうことがある。それは自縛になる。自分で自分を縛《しば》ってしまう。

だめなだけの人間なんていない。弱いだけの人間なんていないのだ。人間はみんなおんなじ、弱くて強い。強くて弱いのだ。弱さも強さもみんな持っている。自分の中にまだら状《じょう》に両方を持っているのだ。どちらが出てくるかは、その時々《ときどき》の心の働き次第。

人間はだまされやすい動物だ。人にだまされるだけでなく、自分自身にもだまされてしまう。

変なレッテルを貼《は》れば、そのレッテルにだまされてしまう。

「自分は弱い」と自縛《じばく》しているひとが、「自分は強い」というレッテルを貼っていると、強そうに自分が思えることだってある。それでひとつでもいい思いをすれば、ああ、けっこう自分は強いんじゃないか、と思うようになる。いわば、だまし返しだ。それで、知らないうちに「自分は弱い」という自縛から解放《かいほう》される。

ただね、「強い」だって、いいばかりじゃないよ。過信《かしん》したレッテルは、単なる偽物《にせもの》のシールになるから注意を。

強い弱いはどちらが上、なんていう呪縛《じゅばく》もいらない。

とにかく自分を苦しめるだけのレッテルは貼らないようにしようよ。

色眼鏡のバカ

苦しめるレッテルは、自分に貼らないだけじゃなくて、他人にだって貼っちゃだめだぜ。

君のクラスに「だめな奴《やつ》」と大勢《おおぜい》がいっている人がいるとする。君も、みんなと同じように、あいつはだめな人間、としてしまうかい？

だめな奴というレッテルは、その人の丸ごとを表しているかどうか、本当にそうか、よく考えてみよう。一部なんじゃないか？

自分に置きかえてみるといい。自分が誤解《ごかい》されたら悔《くや》しいように、そいつもある一面だけみられてレッテル貼りをされたら、どうだ？

人間はみんなまだらだ。他人にも自分にも、くだらないレッテルを貼らないで。

人間はもっと複雑《ふくざつ》で、けっこうしたたかで、実はおもしろい存在《そんざい》なんだ。

自分の中にあるおもしろさや、クラスの仲間にあるそれを、みつけよう。

そのおもしろさが魅力《みりょく》に変わっていくよ。

色眼鏡《いろめがね》でみても、何ひとついいことない。

4 簡単にキレルな、とことんキレろ

ふたつのキレル

簡単《かんたん》に「キレル」っていうのは、脳《のう》の働きがぷっつんして、わーっと大声を出したり時には暴力《ぼうりょく》をふるったりすること。フリーズを起こして身動きが全く取れなくなってわなわなしてしまうのも、「キレル」一種だ。

とことん「キレル」っていうのは、例えば頭のひらめき、体の身のこなし、そんなのがすばらしいこと。スポーツの世界でも音楽の世界でもビジネスの世界でも研究の世界でもどの世界でもいえる、煌《きら》めいているってこと。みんなと同じことをよしとしているうちは、なかなかそこにたどりつかない。

歌手のさだまさしさんと作った「風に立つライオン基金《ききん》」で「高校生ボランティア・アワード」という催《もよお》しをやっている。環境《かんきょう》問題、障害者支援《しょうがいしゃしえん》、外国支援など、たくさんの自主的な活動をしている学校やクラブから、百校ぐらいの高校生が全国から集まり二日間行う。ももクロなんかも毎年ボランティアで参加している。高校生のとことん「キレル」グループが集まっているんだ。

彼《かれ》らは将来《しょうらい》、NPOを立ち上げたり起業してビジネスにしたり、思いがけないことをしてくれそうな気がしている。

「変さ値」でいこう

さださんに「自分のこどもにはどう接《せっ》しているの?」って聞いてみた。

「普通《ふつう》はダメ」と徹底《てってい》したという。普通はダメで変じゃなければだめ、普通じゃないと感じたら、こどもたちを「すごい！　変でいい」と褒《ほ》めたという。

でも、「よい変」と「悪い変」があるらしい。

彼はいった。「鎌田《かまた》先生もなんか変。相当おかしい。僕《ぼく》が好きな人ってみんな『よい変』」って。

喜ぶ人がいっぱいいるのは「よい変」で、迷惑《めいわく》する人が多いのは「悪い変」なんだとか。

みんなと違《ちが》う「変」。けっこうじゃないか。

僕はこれを「変さ値」とよぶことに決めた。「偏差値《へんさち》」の高い低いでなく、「変さ値」にこだわって、ユニークに生きられることは、かっこいい。そもそも、普通《ふつう》ってなんなのか、よくわかんないよな。誰《だれ》が定義《ていぎ》して誰が判断《はんだん》できるというのか。

他の人と違う生き方がいい

林望《はやしのぞむ》という大学教授《だいがくきょうじゅ》がいる。「リンボウ」って呼《よ》ばれている、「源氏物語《げんじものがたり》」を現代語《げんだいご》に訳《やく》すなどしている文学者。

林望先生の家系《かけい》は学者が多い。「親と同じことをしない」というのが家訓だというんだ。学者は多いけれど、専門《せんもん》は皆《みな》まるで違《ちが》うという。

親と一緒《いっしょ》のことをしない、友達と同じことをしないって、決めちゃうのは、ある意味たいへん。だけど、そうしたい人がそれを叶《かな》えられたら、おもしろい。

僕《ぼく》は実の父親とは会っていないが、彼《かれ》はある業界で成功して日本の代表を長くやった人だったらしい。なにかに失敗して父と母は離婚《りこん》した。そして僕を捨《す》てた。その後父親は大成功。でも父親と会うことはなかった。父親の存在《そんざい》を知って、父親の墓参《はかまい》りをしたくなった。立派《りっぱ》な墓《はか》だった。見たことのないほどの大きな墓だった。手を合わせた。手を合わせながら、この人のこどもとして育たなくてよかったと思った。

成功した父のこどもとして育てられたら、成功した父の事業の歯車となっていたかもしれない。父と同じことをしなくて済《す》んでよかった。

もしかしたら、こんな変な人間にもなれなかったかもしれないもんね。

貧乏《びんぼう》でちょっと大変だったけど、僕を縛《しば》りつけるものが何もなかったことは、僕にとっては幸せなことだった。

とことん「キレル」人間になろう

美容界《びようかい》のカリスマ、たかの友梨《ゆり》さん。ものすごく成功してお金持ちになっている彼女《かのじょ》は、三歳《さい》で養子に出され、親戚《しんせき》をたらい回しにされながら育った。

十六歳で理容店《りようてん》に住み込《こ》みで働きながら定時制《ていじせい》高校を卒業した。通信教育で美容師《びようし》の免《めん》許《きょ》をとってフランスへ行き、働きながら美容の勉強をして帰ってきた。

彼女は僕にこういった。

「学歴がなければ腕《うで》一本で食べていくしかないから。努力は決して裏切《うらぎ》らない。努力のおもしろさを知ったの」

キレても不思議はなかったのに、彼女はキレなかった。

彼女《かのじょ》は、児童養護施設《じどうようごしせつ》のこども達を応援《おうえん》して、東京ディズニーランドに連れていくなどしている。彼女には、幸せホルモンのオキシトシンが出ているだろうな。だれかのために行動しているからね。努力はおもしろいって思ってるから、感動ホルモンのセロトニンも出ているだろう。

そして彼女は働くことのおもしろさを知った。そう、ドーパミンも出ているね。幸せホルモンや快感《かいかん》ホルモンが出るようになると、簡単《かんたん》にはキレにくくなる。そして、人生において、とことん「キレル」人間になっていく。簡単に「キレル」やつより、煌《きら》めきのある、とことん「キレル」人間がかっこいい。

5 キレないための技術

怒りすぎは自分の人生を壊す

怒《おこ》りっぽい人がいる。怒る人は血圧《けつあつ》が上がりやすく脳卒中《のうそっちゅう》などにもなりやすいといわれている。この怒りの感情《かんじょう》を上手にコントロールできるかどうかは大事だ。

アメリカでは「アンガーマネジメント」が盛《さか》んだ。アンガー（anger）は怒り。マネジメント（management）は療法《りょうほう》。

怒ると家庭内暴力《ぼうりょく》やDVをする人もいる。アメリカでは裁判所《さいばんしょ》から罰金《ばっきん》を命じられたり、アンガーマネジメントの講習《こうしゅう》を受ける罰《ばつ》が下されたりする。

どこにもいる、怒りすぎの人。怒りが激《はげ》しい教師《きょうし》。怒りが止まらない親……。このひとたちは、大人ってだけで、未熟《みじゅく》でまだまだ成長途中《とちゅう》なんだ。

怒りすぎは、自分の人生もめちゃくちゃにするし、周りのひとの人生もめちゃくちゃにする。そんな怒りの人になってはダメだ。

「怒り」をコントロールして成功した男

スポーツ選手には、アンガーマネジメントの講義《こうぎ》を受けて、飛躍的《ひやくてき》に成績《せいせき》を伸《の》ばしたひとがいる。

有名なのはテニスのロジャー・フェデラー。全盛期《ぜんせいき》は過《す》ぎているはずなのに、相変わらず勝ちまくっている。彼《かれ》は四大大会でもう二十回優勝《ゆうしょう》した。

彼は若《わか》い頃《ころ》、怒る人だった。ラケットを壊すなどマナーが悪く人気もあまり出なかった。

フェデラーは怒《いか》りをコントロールするようになって強くなったんだ。

要注意の十二歳・十四歳・十七歳

小学校六年から中学校一年の頃《ころ》、そして、十四歳《さい》、十七歳は、心が不安定になるといわれている。キレやすくなるといわれている。

このときキレないでコントロールする助けになるのが、アンガーマネジメント。自分の人生をおもしろく幸せにして、人の役に立つ人生にするためにも、アンガーマネジメントはいい。

怒《おこ》ってもいいんだよ。みっつの点に気をつければ。

それは回数と強さと時間だ。

第二反抗期で自爆するな！

しょっちゅう怒ったり、みんながびっくりするほど怒りを示《しめ》してしまったりすると、周りのみんなが去っていくという結果が待っている。

上手にキレルって難《むずか》しいんだ。選択《せんたく》とタイミングと効果《こうか》と。

友達を守ろうとして、悪いと思えるやつらにキレルなんて最高！　だけど、大小問わずしょっちゅうキレていたら、そういうキャラと片《かた》づけられて、自分で自分の世界を小さくしていってしまうよ。そうだ、自縛《じばく》だね。キレつづけて、自分の世界が小さく狭《せま》くなるように、自ら自分を縛《しば》っちゃう。それに、それって自爆《じばく》でもある。

そんなの残念すぎるよ。せっかくの意味ある第二反抗期《はんこうき》を、価値《かち》あるものにしようよ。急にちょっとしたことでものすごく怒って周りの空気を凍《こお》らせるのは、得策《とくさく》じゃない。そういうやつと親友になりたい、そういう奴《やつ》をリーダーにしたい、そうはなかなか思わないだろう？

自分の感情《かんじょう》を爆発《ばくはつ》させる人間は、幸せな人生をつかみにくいような気がする。後は時間だ。ネチネチと怒りをずっと持続させちゃいけない。

たまに怒ってもいいけど、長くふくれて自分の部屋から出ないのも、よくないなあ。おもしろくないことが家であって、バンと自分の部屋のドアをしめてしばらく怒っててもいい。でも家族から「ご飯ができたよ」と呼《よ》ばれたら、しょうがねえなあ、食べてやるかって思えるといい。空腹《くうふく》のままでいないで。食べると気が落ち着くんだよ。

怒りをしずめる三作戦

怒《いか》りにはみっつの作戦があるんだ。

まずは「六秒ルール」。

頭にきたとき、イラついたとき、六秒がまんするんだ。

怒りのホルモンは「ノルアドレナリン」といわれている。頭の中でこいつが分泌《ぶんぴつ》される。それが怒りを強めていくんだ。でもこいつは六秒たつとピークを迎《むか》えて、それ以降《いこう》は分泌がおさまっていく。怒りのホルモン、ノルアドレナリンがおさまれば、なんとなく落ち着いてくるからね。

ふたつめは「一服」。怒りがきたら、水やお茶を飲む。すると怒りが収《おさ》まっていくよ。

みっつめは「ひと晩《ばん》寝《ね》て待て」。睡眠《すいみん》は記憶《きおく》に関係している。何を覚えていて何を忘《わす》れるか、寝ている知らないうちに、脳《のう》が仕分け作業をするんだ。怒りを暴発《ぼうはつ》させずひと晩寝てみると、案外たいしたことじゃなかったと気づくこともある。無意識《むいしき》のうちに脳が記憶するかどうか峻別《しゅんべつ》しているんだ。こんな怒りなんか、まあいいかっていうことも。重要な記憶の箱に入っていなけりゃ、もう忘れちゃえばいい。

もちろん怒りが全部ダメなわけではないよ。怒りが生きていく上でのエネルギーになることだってある。うまく使えるといい。

六秒ルール・一服・ひと晩寝かす……ぜひ使ってみて。

6 「死」に負けなかった女の子

一九九四年生まれのサブリーンは、イラク戦争が始まったとき、九歳《さい》だった。僕《ぼく》は全ての戦争に反対してきた。戦争する時って、戦争する国には大義名分《たいぎめいぶん》がある。でも戦争をすれば、こどもも大人も女も男も関係なくみんな傷《きず》つく。だから僕は全ての戦争に反対。

イラク戦争が起きるとき、僕は、戦争をすべきじゃない、とテレビやラジオで訴《うった》えた。アメリカは、イラクに戦争をしかけた。日本はアメリカの応援《おうえん》をした。

僕が戦争に反対していることには、変わりはない。

少なくとも戦争で傷つくこども達を助けようと思った。

今から十四年前、僕は日本で募金《ぼきん》をして、薬を持ってイラクに行くようになった。

やるべきことをやる

そこでサブリーンという女の子にあった。
イラク戦争の二年後だった。
目のガンに彼女《かのじょ》はなっていた。僕《ぼく》たちの支援《しえん》で手術《しゅじゅつ》を受けた。
彼女のガンはたちが悪く、体中に浸潤《しんじゅん》していた。脳《のう》にも転移《てんい》していた。
目を摘出《てきしゅつ》したが、反対の目にもガンは広がっていった。
でも僕たちは諦《あきら》めなかった。
隣《となり》の国のイランの、大きな病院に放射線治療《ほうしゃせんちりょう》をしにいき、最大限《さいだいげん》の努力をした。
十五歳《さい》のとき、彼女は亡《な》くなる。
彼女は亡くなるとき、ある言葉をのこした。

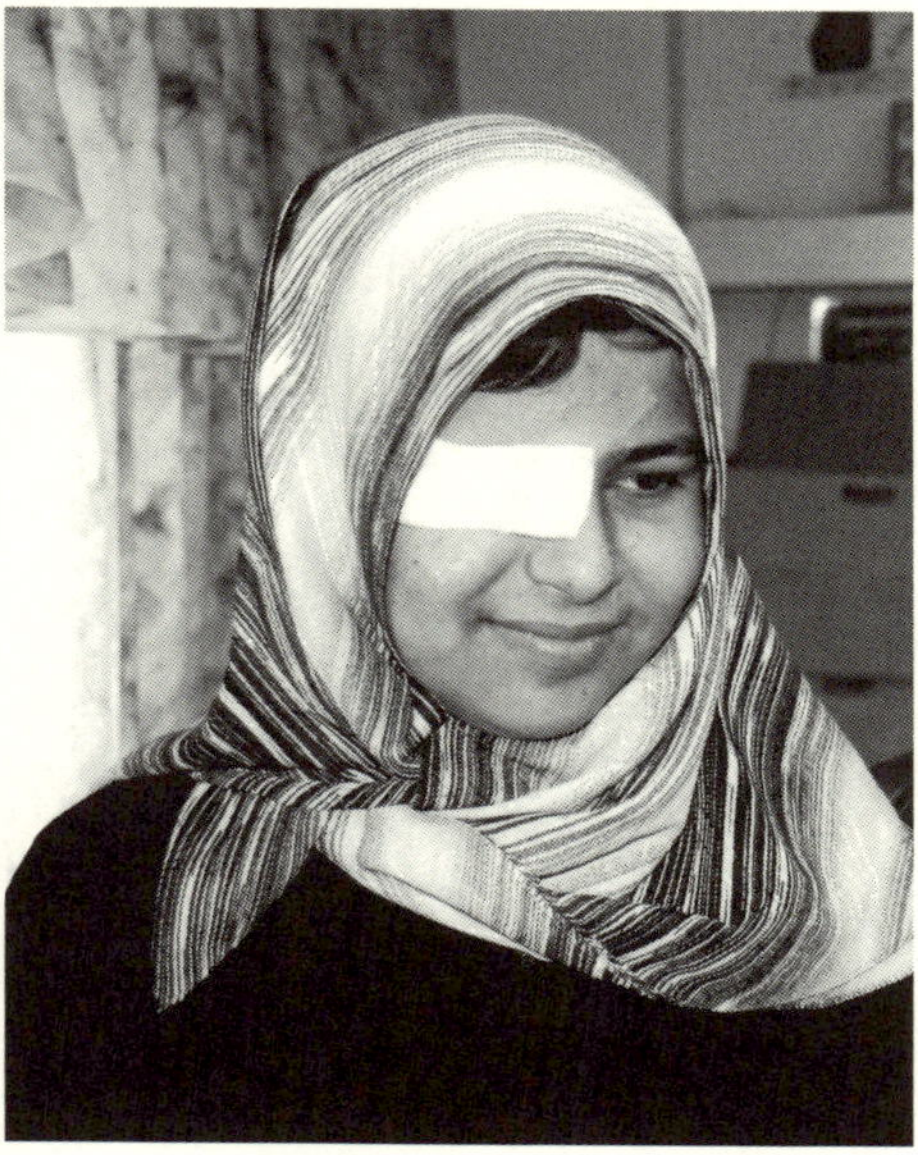

勉強できるって幸せ

「先生、私《わたし》は死にます。でも幸せでした。一番嬉《うれ》しかったのは病院で勉強ができたこと」

彼女は貧《まず》しかった。学校にいけなかった。

ガンになって初めて、勉強を教えてもらったんだ。僕たちが学校の先生を雇《やと》い、小児ガン専門《せんもん》の病院に派遣《はけん》していた。

学校にいくってあたりまえって思うだろう？　めんどくさいって思ってるかもね。

学校にいけない子にとってみると、学校は太陽なんだって。

彼女はこういった。

「学校がどんなに素敵《すてき》なところかわかりました。私は勉強が好きになりました、特に絵をかくのが好きになった。私のかいた絵がほめられて日本に運ばれ、チョコレートの缶《かん》にプリントされる。そのチョコレートを買ってくれる日本人がいて、そのお金で、私たちに薬が送られてくる」

僕たちが活動している「チョコ募金《ぼきん》」のことだ。

自分は死ぬけど、嬉しい

サブリーンはさらに続けた。

「私《わたし》は死んじゃうけど、これからはイラクの他の病気の友達が助かるから嬉《うれ》しい」

自分は死んじゃうのに、他の子が助かるから「嬉しい」。

すごいよね。こんなこと、いえちゃうんだ。

心を持った人間だから、いえる。

僕《ぼく》たちは心を持っているから悪いこともしちゃう。だけど、心を持っているからものすごく素敵《すてき》なこともできる。

心がほんのちょっとでも、どちら側に動くかで、全然違《ちが》っちゃう。

誰《だれ》かにとって一生忘《わす》れられない存在《そんざい》になったりもするんだ。

「先生、ありがとう。さようなら」

十五歳《さい》の女の子が、死に負けていなかった。

縛《しば》られていなかった。死にも自分にも。

すごいなって思った。人間は素敵な生き物なんだなって思ったんだ。

おいしい
ふあ〜
ねちゃお

第3章

いろいろなやつがいるから、おもしろい

1 想像してごらん

呪縛《じゅばく》を解《と》こうとしていくと、誰《だれ》しもがけっこうな数の呪縛の中にいることが、見えてくる。

他人をもっと理解《りかい》できたら、世の中の呪縛は薄《うす》まるんじゃないかと思う。

だけど、自分じゃない人間を理解するって難《むずか》しいよね。

だって、自分のことすらわかんないんだもん。

大事なことは、他者を理解しつくせないことを理解することだと思うんだ。

全部わかりっこないんだ。そのことをわかることが大事なんだ。

ひとりひとりの存在《そんざい》はとても大きい。そんな大きい存在が人間の数だけいる。

その一個一個《こ》はどうであったって美しい。

楽天家しかいない集団《しゅうだん》は、危険《きけん》を察知できるだろうか。できないよね、きっと。

悲観的な人しかいない集団は冒険《ぼうけん》に出られるだろうか。出られないよね、きっと。

いろいろいるから、いいんだ。

祖先もまた

人間はかつてアフリカのサバンナにしかいなかった。

僕《ぼく》たちの祖先《そせん》は出アフリカってのを何万年もかけて成しとげるんだ。アフリカにいれば食べ物も十分にあって、寒くなくて生きやすかっただろうに、他のところへ行けばもっとおもしろいことがあるって、僕たちの祖先は思ったんだろう。

たいがいは若者《わかもの》だったと思う。コミュニティーにいると、息が詰《つ》まっちゃう若者がいたんだと思う。変わり者といってもいい。もしかしたら天才かもしれない。時代を切り開く若者がいたんだろう。祖先もまた、いろいろだった。

君の中にあるインナーパワー

ジグソーパズルがいろんな形で一枚《まい》の絵になるように、この世のピースも凹凸《おうとつ》だらけでいろいろで、それでまあるい地球は動いている。

ダイバーシティーって聞いたことある？　多様性《たようせい》。それぞれを知って感じて触《ふ》れてみたら、自分のほかとの違《ちが》いも愛せるようになるかもしれない。違うってことをおもしろく思えてくるだろう。

ひとりひとりの「変わってる」は、おもしろい。違いの中にこそ、パワーが生まれる。自分の中にも他人の中にもそれぞれのインナーパワーがあるんだ。自分の中にあるパワーに、たいがいの人は気がついていない。君の中にももちろんあるんだよ。そのパワーに気づき、どうやって外へ引っぱりだすか、だ。

「想像」はすごい力

1章の4で話した、ビートルズのジョン・レノン。彼《かれ》は、「イマジン(想像《そうぞう》してごらん)」と歌った。世界的な大ヒットになった。この「想像」ってすごい力なんだ。

僕たちはレッテルを貼《は》りやすい。あいつは意地悪なやつ、とかね。本当にそうかな。想像してごらん。その意地悪なやつって、百%意地悪かい? 意地悪なところもあるけど、それは目立つだけで、もしかしたら漫画《まんが》を読んで泣いちゃうようなやつかもしれない。涙《なみだ》もろい意地悪かもしれない。

想像してごらん。誰《だれ》もがいっしょの世界。なんて気持ち悪い! つまらないよね。

例えば病を治す。例えばお米を育てる。例えば赤ちゃんを産み育てる。みんなみんな違《ちが》うから、世界が動いて成り立っている。ひとつひとつの生き方を、好きでも嫌《きら》いでもいいんだよ。メジャーでもマイナーでもいい。大きくなくちゃいけないなんてことはない。世界はバラバラでいいんだ。だから美しい。肌《はだ》の色も宗教《しゅうきょう》も趣味《しゅみ》も好きなことも、みんないろいろ。

傷つくことを想像してごらん

いろいろでいい。そしたらさ、いじめの対象なんていないよね。誰《だれ》も誰の存在《そんざい》も否定《ひてい》できないんだから。否定することなんて存在しないんだから。

いじめって本当にかっこ悪い。犯罪《はんざい》だしね。

想像《そうぞう》してごらん。もしいじめた相手の子が自らこの世を去るような最悪の結果になったら？　一生周りの人間は傷《きず》ついたままだ。もちろん君自身も。自分が傷つくことを想像してごらん。

いじめられてる君。必ずわかってくれる人がいる。今ももう実はいる。それがぎゅっと感じられるまでは、いろんなことを先延ばしにして、ただ生きているだけでいいんだ。ふらふらと生きてていいんだ。いじめてくるようなくだらないことをするやつよりも、おもしろく自由に生きていくときがくる。それをじっと待っていてほしい。他人をえぐる。バカみたい。そんな時間を人生で使うなんてもったいない。そんなことに自分の力を使ってしまうな。

すてきなところを想像してごらん

君は生まれただけで、存在しているだけで美しい。人間はみんなかっこ悪くて、だけど美しい。変なことしちゃうよ、みんな。だからかっこ悪いんだよ、みんな。だけど思いがけず美しいこともできたりする。自分を豊《ゆた》かにするために、僕《ぼく》たちは生きてる。本当にかっこいい人はかっこつけないよ。なんのアピールもしない。いつか誰かが気がつくよ、君のすてきなところを。想像してごらん。

迷惑な術?

いじめられてると感じる人は、知ってるかい。いじめてるやつは、君のことが羨《うらや》ましすぎて仕方ないんだ。

君を否定《ひてい》してくる人、嫌《きら》いなら近づかなければいいのに、拒《こば》んでもそいつが粘着質《ねんちゃくしつ》で執着《しゅうちゃく》して侮蔑《ぶべつ》しつづけるのは、卑《いや》しめることでしか、君と関われる術《すべ》を知らないから。君に対する猛烈《もうれつ》な思いなんだ。

それに気づかないで、くだらないこと続けてるんだ。惨《みじ》めだな。哀《あわ》れだろ。

詩からのヒント

僕《ぼく》は朝四時半に起きる。

自分は頭が悪いと感じてる分、人の倍努力しようって決めてるんだ。

その時間には、仕事や勉強以外にも、音楽を聞いたり小説を読んだり大好きな詩集を味わったりすることがある。僕の至福《しふく》の時間。

そこで出会った、茨木《いばらぎ》のり子という詩人の、「癖《くせ》」っていう詩がある。

茨木のり子は小さかった頃《ころ》、いじめられたんだ。

卒業の時、そのいじめっ子からメモを渡《わた》された。

「ワタシハアナタガ好キダッタ　オ友達ニナリタカッタノ」

そう書いてあった。
ここからがこの詩人のすごさ。何か嫌《いや》なめにあうたびに、
「このひとはほんとは私《わたし》のこと好きなんじゃないか」
そう思うようになった。
そんな詩だ。
この詩が大きなヒントになる場合もあるのではないだろうか。
いじめるやつを呪《のろ》うより、もしかしたら、効果《こうか》があるかもしれない。
おどおどしなくなった君にびっくりして、そいつ、いじめなんてつまらなくなるかも。
誰《だれ》にもこんな心の余裕《よゆう》ができますように。
ひとつひとつみんな違《ちが》うピースが、この地球上で生きてる。
どのピースも、一個《こ》でも欠ければまあるい地球はまあるくならない。
想像《そうぞう》してごらん。
その一個が大事なんだ。
その一個は君だよ。忘《わす》れないで。

2 君はどうしてがんばれるのか

力を尽くすことは、誰かの心を救う

北海道・十勝地方の芽室町で講演《こうえん》をした時、ちょっとうれしい出会いがあった。僕《ぼく》の著書《ちょしょ》『雪とパイナップル』を持った小学六年生のハルキくんとの出会いだ。

『雪とパイナップル』では、チェルノブイリ原発事故《じこ》の放射能汚染《ほうしゃのうおせん》地帯で亡《な》くなった男の子と、日本人の看護師《かんごし》さんを描《えが》いている。自分の息子が亡くなったにもかかわらず、そのお母さんは、息子のために心を尽《つ》くしてくれたその看護師さんに「私《わたし》たち家族は一生忘《わす》れません」という言葉を発した。この言葉によって彼《かれ》の命を助けてあげられなかった僕たち、医師《いし》や看護師は救われる思いだった。彼の国の病気になったこどもたちを、もっと救いたいと決意させた。結果が全てではないと思った。助けてあげられなかったのに、お互《たが》いに理解《りかい》しあっていた。詳《くわ》しくは6章の6を読んでほしい。

台風で川が氾濫《はんらん》したとき、保健師《ほけんし》をしているハルキくんのお母さんは、さらに被害《ひがい》が大

きかった地域《ちいき》の人たちを助けるために、なかなか家に帰ってこなくて、彼はお母さんに、もう仕事をやめてもらいたいと思った。そのとき、お母さんから『雪とパイナップル』を受けとったそうだ。

「命を救えなくても、一生懸命《いっしょうけんめい》力を尽くすことは、だれかの心を救うことがある、とわかりました。ぼくも一生懸命がんばることに挑戦《ちょうせん》してみよう、と初めて思いました」といってくれた。

そうなんだ。結果が大事、結果が全てという人がいる。その通りだとも思う。でも、結果が伴《ともな》わなくても、全力を出さなくてはいけないことってあるんだ。

がんばるのが好きだった

僕は、『がんばらない』という本を書いた。ベストセラーになった。テレビで二時間ドラマにもなった。僕の役は西田敏行《にしだとしゆき》さん。中三の道徳の教科書にも載《の》った。

僕はとてもがんばるこどもだった。貧乏《びんぼう》だからがんばらないと生きていけないと思っていた。

医者になってからも、誰《だれ》よりもがんばったと思ってる。がんばることが正解《せいかい》だと思っていた。いい医者になりたい、あたたかい医者になりたい、人の心がわかる医者になりたい、と、がんばっていた。

だけど、ここが人間のダメなところで、自分だけじゃなく、他人にもがんばることを要求しちゃっていたんだ。

「がんばれ」で人を泣かせてしまった

僕《ぼく》がまだ若《わか》い医者だった頃《ころ》。四十代の末期ガンの女性《じょせい》がいた。君たちのお母さんくらいの年だろうか。

僕はその患者《かんじゃ》さんの主治医だった。診察《しんさつ》をして病気の説明をして、僕はいつもの口癖《くちぐせ》、

「がんばりましょう」といって部屋を出ようとした。

そしたら、なんかおかしかったんだ。僕は振《ふ》り返った。

患者さんはベッドの上で涙《なみだ》をボロボロッと落とした。

僕の何がいけなかったのだろう。患者さんを傷《きず》つけたのだろうか。何が何だかわからなかった。それでもその病室から出てはいけないと思った。患者さんのベッドの横に戻《もど》った。でもなんていったらいいのかわからなかった。どう声をかけたらいいのかわからなくて、

しばらく佇《たたず》んでいた。

そうしたら、僕より人生の先輩《せんぱい》の、その患者さんが、こういったんだ。

「先生、今までがんばって、がんばってきました。もうこれ以上がんばれません」

泣きながら患者さんは僕に訴《うった》えた。

僕の言葉には深い意味はなかった。口癖だったんだ。人間はみんながんばれるはずって思ってたんだよね。でも人によってはがんばれない時があると、この時気がついた。

「よくがんばってるね」

「よくがんばってきたね」って認《みと》めてあげたら、彼女《かのじょ》はどんなに楽だったろうね。

僕ががんばれといったことで、彼女はきっとこう思ったんだよ。私《わたし》のがんばりが足りないから病気がよくならないって。彼女が悪いわけじゃないのにね。

僕たちの医学の力が足りないために彼女を救えていなかった。なのにガンで苦しむだけじゃなくて、自分がいけない、がんばらない自分が悪いんだって鞭打《むちう》たせてしまったんだよ。

どんなに苦しかったろうね。ガンの苦しみと自分を責《せ》める苦しみ。

自分流

生きるってことは、がんばるだけでは続かないんだ。がんばったりがんばらなかったり。もちろん、がんばらないだけでも生きていけない。がんばったりがんばらなかったり、が大事なんだ。

『がんばらない』を書いてから約二年後、僕《ぼく》は『あきらめない』という本を書いた。これもベストセラーになった。僕は、がんばりすぎないでいいけど、あきらめないことが大事って思った。

先ほどの小学生、ハルキくんは、自分の哲学《てつがく》を持ち始めた。

みんな、自分流の哲学を持てるといい。

自分流の生き方、自分流の行き方を見つけてほしい。

みんな同じでなくていいんだ。

君には君、僕には僕の生き方があるはず。

自分の生き方が見えてくると楽しいよ。

3 僕のIQは低かった

僕は小学生の時、知能指数《ちのう》の検査《けんさ》をしたことがある。知能指数を調べるモデル校に、僕の小学校がなったらしい。

終わった後しばらくして、先生に「鎌田《かまた》、あんまり頭よくないぞ」といわれた。IQがクラスの平均《へいきん》より悪かったんだ。先生は、二学期の級長をやっていた僕はIQが高く、勉強したらいろいろな可能性《かのうせい》がある、と思ってくれていたらしい。

頭がよくない。そんなもんかなあ、と、なんとなく、わかったようなわからないような気持ちだった。その時の僕は、言葉に縛《しば》られたんだ。たしかに、自分がめちゃめちゃできると思ったことは一度もなかった。いつもヘラヘラしていて、キレないこどもだった。怒《おこ》らないこどもだった。同時に頭もキレないこどもだった。

頭がいいのは悪くないけど、よくなくても悪いってことはない。僕は、ひと一倍勉強すればいいと思った。

都立西高校という、その頃《ころ》東大合格者数《ごうかくしゃすう》が全国で第二位の学校に通っていた。東大に行って当たり前という空気が、なんとなく校内にあった。そこへ行って感じたのは、頭がいいやつがいるんだなあってこと。

仲のよかった菅原《すがわら》は、小さな字でほんのわずか数行大事なことを書くだけで、全てがわかっているようだった。一力《いちりき》はバスケット部の中心選手。部活ばっかりやっていたけど、成績《せいせき》は優秀《ゆうしゅう》だった。こういう人たちには勝てないなあと、なんとなく思った。でもどっかで二倍勉強すれば追いつけるかなあって思ったんだ。

ばかなことをしていたって、だいじょうぶ

それで、朝四時半に起きて勉強することにした。今もそうなんだけど、当時、自分は弱い人間で、ひとよりばかだからって思ったんだ。

意思が弱いから友達から誘《さそ》われればついていってしまう。俺《おれ》、今は勉強したいって、いえなかった。貧乏《びんぼう》から脱出《だっしゅつ》するためには勉強するしかないって思っていたのに、遊ぼうっていわれれば、夕方から夜までずっと遊んでいた。

中学校の同級生に誘われ、学校をサボって麻雀《マージャン》をやろうと三人集まった。あともうひとりがどうしても見つからない。都立立川高校に行っていた菊池《きくち》の学校に連絡《れんらく》した。麻雀の

メンバーを探《さが》すのに、学校に電話したんだ。ばかだった。家族の者だって嘘《うそ》ついてしまった。お父さんが具合が悪いなんていって引っぱりだした。変な勇気はいっぱいあった。

菊池もよくきたなあと思うよ。その菊池は、今は明治大学の教授《きょうじゅ》。面白い本をいっぱい出してる、ハプスブルク家の専門家《せんもんか》。ほかのメンバーは、あったかくて誠実《せいじつ》で優《やさ》しい、いうなれば「愛の海」みたいなワカサン。あとひとりの宿谷《しゅくや》は食品の会社を作って大成功。四人の中でいちばんお金持ちになった。社員にだまされて、一時期苦労したけどね。

学校をサボって麻雀をしようが、みんなその後、自分の人生を自分でしっかり作り上げている。ばかをしたひとは、生きぬく力が強いように思う。

成績だけで人生は決まらない

僕《ぼく》は毎年、学校で「命の話」をするようにしている。ボランティアで十校に行くと決めている。これ、僕のライフワーク。

その時にもばか仲間の話をする。僕らにあった力って何だろう。決断力《けつだんりょく》や友達を作る力、相手の身になる力、持続する力、失敗してもあきらめない力とか突破《とっぱ》する力、人や自分を許《ゆる》す力……大事な力がいっぱいあった。特に僕《ぼく》は、「持続する力」は誰《だれ》にも負けないつもりでいる。

知能指数《ちのう》を変えるのは難《むずか》しいけど、ほかは、いつからでも自分で上げていける気がする。

友達の誘《さそ》いを断《ことわ》れない僕は、朝四時半に起きて、七時ごろまで集中して勉強したんだ。今も続けてる。この本の原稿《げんこう》も、この時間に書いたんだよ。持続力、すごいだろ。

この時間が僕を作った。IQが低かったことがチャンスを作ったんだ。

受験突破《とっぱ》だけじゃなく、この時間が今の僕をまるごと育てたんだ。

生きていく上で、なにがチャンスになるかわからない。

4　コミュニケーション能力

僕は、文庫や共著《きょうちょ》も入れると、百冊《さつ》近い本を出してきた。その中で何回かくりかえし述《の》べていることがある。

「人間が絶望的《ぜつぼうてき》な状況《じょうきょう》に陥《おちい》った時、このふたつがあれば、生きぬける」

1章の7で話した、アウシュビッツでいわれていたふたつは、「希望」と「丁寧《ていねい》な生活をする」だったね。僕が挙げるふたつ、なんだと思う？

大人になったとき、何が要求されるか

僕が挙げたふたつは、

・愛する人がいること

・働く場があること

これだ。愛する人もそうだし、働くって人生で大事な要素《ようそ》なんだ。僕もおもしろい仕事がやれるように、今も勉強している。

将来《しょうらい》、君達も社会人になるよね。新卒者の採用《さいよう》で何が重要視《じゅうようし》されていると思う？ 知能なんかよりももっと重視《じゅうし》されているものがあるんだ。

最近のいちばんは「コミュニケーション能力《のうりょく》」。そして「主体性《しゅたいせい》」。あとは「協調性《きょうちょうせい》」「チャレンジ精神《せいしん》」「誠実性《せいじつせい》」。IQは上位にランクインしてない。成績《せいせき》が優秀《ゆうしゅう》じゃなくったって、主体的に生きているかどうか、主体性がありながら協調性があるか、が見られてる。ひとつだけなら楽だけどね。主体性はあるけど協調性はない、とか、協調性があっても主体性がない、とかさ。

厳《きび》しい状況《じょうきょう》でも、もうダメなんて思わないチャレンジ精神《せいしん》が最後にいきてくる。誠実《せいじつ》性《せい》も人を好きになる力も効《き》く。誰《だれ》にもいえなくても、好きな人がいるってすごい力になる。愛するひとがいる。そして、おもしろくて夢《む》中《ちゅう》になれる仕事をする。いつか叶《かな》えるために、「今」を満たそう。いっしょにあきらめないでいこうぜ。

5 心と言葉の関係

会ったことのない領域《りょういき》の人と仕事するのは、勉強になる。

僕《ぼく》はコピーライターの山本高史《やまもとたかし》さんとふたりで『ここから。―これからを生き抜《ぬ》くための、心と言葉。―』（ベストセラーズ）という本を書いた。

ふたりで本を書いてほしい、と出版社《しゅっぱんしゃ》に頼《たの》まれたが、僕は忙《いそが》しいと断《ことわ》った。

そのあと、山本さんから熱い手紙がきた。それが僕の心を変えた。

彼《かれ》は大学を卒業すると、広告を扱《あつか》う電通という会社に入り、それから自分で会社を設《せつ》立《りつ》した。トヨタ自動車の「変われるって、ドキドキ」やサントリーの「おいしさ、山の差、ありがたさ。」などの作品を持つ、たくさんの人の心を動かすキャッチコピーを作るプロフェッショナルだ。

プロフェッショナルな学生になろう

僕たちは何かをやり出したら、いつもプロフェッショナルな意識《いしき》が必要だ。そういう意味では、この山本さんはプロ中のプロだと思った。

実は学生だってプロフェッショナル魂《だましい》を持っていてほしい。「学生の本分は勉強」という言葉があるけど、ただただ勉強するのがプロフェッショナル魂のある学生というわけではない。学生だからこそ、特に大人に無駄《むだ》と思われがちなことをいっぱいやる、だけど勉強もする。それで成長していくひとには、勉強だけしているより、かなりおもしろい人生が待っている。

「中学生」「高校生」のプロフェッショナルとしての意識を持って過《す》ごしたら、日々《ひび》が違《ちが》って見えるんじゃないかな。門外漢な大人なんて、きっとちっちゃく見えるよ。

大好きですよ

山本さんからの一通の手紙。

手紙には、ふたりでこんなことをしたい、と、具体的な内容《ないよう》が書かれていた。何をしたいのか、よくわかった。でもそこではちっとも心が動かされなかった。

動かされたのは、最後の一行なんだ。山本さんは、僕《ぼく》が忙《いそが》しいということがよくわかっていた。この頃《ころ》は東日本大震災《ひがしにほんだいしんさい》が起きた直後だった。本を書く時間なんかあったら、被災地《ひさいち》に行って困《こま》っている人を助けたいと思っていたのだ。そのこともよくわかると書いた後に、山本さんは、「ご事情《じじょう》は伺《うかが》っております。断《ことわ》ってくださっても、先生のこと大好きですよ」と書いた。

泣かせるよね。さすが言葉の達人。こんな手紙をもらうと、冷たく断れない。単にうまい言葉では、人は動かない。でも僕は、この言葉に動かされたんだ。

あったかそうな人間になる

もうちょっと分析《ぶんせき》してみようか。山本っていう人間が、あったかそうだな、とまず感じた。その上、「大好き」って言葉。これがちょっとおかしかった。五十歳《さい》くらいの男が男にあまりいわない言葉だよね。意表をついているんだ。この手紙を書いた男の、それでいて、あったかさがあることに心が動いた。

本当にあったかいかどうかは問題ではない。他人への印象は、あったかそう、が問題なんだ。

本当の姿《すがた》なんて実は本人にだってわからないもの。本当の鎌田《かまた》は？ってきかれても、鎌田自身がわからないんだ。でも、鎌田はあったかそうって、人に思われるといいなあ、って、そう思ってる。自分の中身は、あったかいもあるけど、冷たいもある。みんなそう。どっちかだけの人はいない。

そう、まだらなんだよ。だから全部があったかくなくてよくて、自分の一部の「あったかい」を、他人に「あったかそう」って感じさせることが大事なんだ。

ツッコミ力

この言葉の達人は、いろいろな政党《せいとう》のキャッチコピーも作っている。小泉純一郎《こいずみじゅんいちろう》さんという首相をしていた人がいる。山本さんは選挙の時の小泉さんのキャッチコピーを「永《なが》田町《たちょう》の変人は、世の中では普通《ふつう》の人間だ」とした。ツッコミ力がすごい。この国を変えるのは、永田町の変人だと、たくさんの国民に思わせた。このキャッチコピーを使えるかは小泉《こいずみ》さんの度量にも関わっていた。小泉さんは受け入れた。

一通の手紙からあったかさを感じて、そしてこんなキャッチフレーズを作る山本さんと対談したらおもしろいかも、と思わされたのだ。

僕《ぼく》は、『ここから。』の中でこんなあとがきを書いた。

「心の探検家《たんけんか》の鎌田《かまた》と、言葉の達人の山本高史が、二人でぶつかり合えば、もっとたくさんの現在《いま》を生きるヒント、考えるヒントが見えてくるんじゃないか。そう思いました」

「心の探検家」になってみないか

就職《しゅうしょく》するとき、「コミュニケーション能力《のうりょく》」が要求されるって話したね。伝えるって大事なんだ。そのために心と言葉を磨《みが》く。すると人生が変わる。僕はそう信じてきた。

心とは何か。心がその人らしさを作っている。心は脳《のう》にあるけど、心臓《しんぞう》を中心としたからだと繋《つな》がっていて、小さな宇宙《うちゅう》を作っている。心が体を動かしている。

反対に、体も心を動かすんだ。だから僕たちは、心を鍛《きた》えるためには、スポーツなど体を動かすことも必要なんだ。

思考や感情《かんじょう》や意思などの働きのもとになるものが、心。

心とは何か。僕は考えつづけている。

未だに心が何かというのがわからず、心の探検《たんけん》をしつづけている。だから僕は今も「心の探検家」。

でも少しだけわかってきたことがある。心と言葉の相関性《そうかんせい》だ。心にいい刺激《しげき》を与《あた》えるといい言葉が生まれてくる。そして、いい言葉も心を支《ささ》えているのだ。

6 折れない心

逆境力を育てよう

どんな人でも心が折れる可能性《かのうせい》がある。嫌《いや》なことが続くとね。人間は弱いんだよ。うつ病で医療《いりょう》機関を受診《じゅしん》している人は百万人以上いるといわれている。うつ病という診断《しんだん》はないけど、鬱々《うつうつ》としていると感じている人は七人に一人というデータもある。年齢《ねんれい》は関係なくて、こどものうつ病もあるし、おじいちゃんおばあちゃんにも、うつ病は起こりうる。

心が折れてしまう人と、折れない人がいる。

「逆境力《ぎゃっきょうりょく》」。これが強いと心はなかなか折れない。どの年齢《ねんれい》もおんなじ。いろんなことをいろんなふうに、みんな不安に考えているけど、五年先十年先なんて、誰《だれ》もわからないもんね。

失敗をしてもいいんだ。それでもしなやかに、まずは、ただ、あったこととして、認《みと》められるか。

そう。事実を認められるかが大事なんだ。

例えば試験の成績《せいせき》が下降《かこう》気味だったとする。事実をみる。下降気味という事実。勉強しなかったからあたりまえ、で、ふわっと分析《ぶんせき》を終わりにしては、自分を助ける力は生まれてこない。自分は勉強したのか？　したならその仕方はどうだったのか？　いいか悪いかより先に、現実《げんじつ》をきちっとみる目が必要。成績が落ちているという逆境に立ち向かうためには、あるがままを認めて、そこからの自分の時間の使い方をイメージしてみよう。

だいじょうぶ、立ち直れる、と自分にいっぱい声をかけながら、修復《しゅうふく》するイメージで動いてみよう。きっと結果もついてくる。

「遊びすぎ」OK！　そしてそのあと

逆境にいる自分を修復するイメージをもてたら、復元《ふくげん》していこう。「過去《かこ》」の自分に引っぱられたままでなく、「今」の自分に戻《もど》り、立つ力。「復元力《ふくげんりょく》」だ。いつも、いろんなことがありがたいなって、ものごとを肯定的《こうていてき》に考えることのできる人は、復元する力が強いっていわれている。

不平やぐちの多い人は、逆《ぎゃく》に弱いといわれている。人の悪口やぐちをいっていても、けっきょく、いいことなんかないんだよな。

それと、勉強をしなかったその間、やったことを肯定しよう。部活を一生懸命《いっしょうけんめい》やった、本を読んだ、音楽を味わった、何かをその時にしてるはずだよね。それはそれとしていい時間を過《す》ごしたと認めよう。遊びすぎた、でもいい。「遊んだ」っていう、プラスがあるはず。ぼーっとした、でもいい。ぼーっとする時間が取れたんだから。この感じ方が、逆境力や復元力を育んでいく。

嫌《いや》なことが起きても、この逆境力と復元力、「レジリエンス」があると、折れない心の持ち主になりやすい。

「レジリエンス」は抵抗力《ていこうりょく》といいかえてもいい。自然治癒力《ちゆりょく》といいかえてもいい。

自分を肯定する

いろんな人がいる。だから世の中おもしろい。

そして、そのどんな人も、どんな状況《じょうきょう》にもなりうる。

誰《だれ》でも、「今」が辛《つら》くても、「未来」まであきらめないでいると、人生の中で、大どんでん返しを起こして、おもしろい人生に変えてしまうことができる可能性《かのうせい》が大いにある。そうなれば、幸せはどんどんふくらんでいく。

だからまず、今の自分を受け入れよう。

厳《きび》しい現実《げんじつ》は厳しいまま受け入れる。でもその間に得たプラスにも目をつぶらない。きちんと感じ、その時間が持てたことに感謝《かんしゃ》してみよう。そして、そこからまた出発だ。

自分を肯定《こうてい》し、他人を肯定し、折れない心を育てよう。

気持ちよかったなあ

第4章

人生なんでもあり

1 「苦手」なんて気にしない

運痴でなにが悪い

運痴《うんち》って運動音痴《おんち》のこと。

運動やスポーツが嫌《きら》いか、やや嫌いな中学生は、スポーツ庁《ちょう》の二〇一六年度の調査《ちょうさ》によると十六、四％。運動嫌いな子が少しずつ増《ふ》えている実態《じったい》がある。

スポーツ嫌いな子は、ダメなのか？　ダメじゃない。嫌いは嫌いでいいのだ。

それにね、後から目覚める運痴もいるんだ。

田部井淳子《たべいじゅんこ》さんという登山家は、次々《つぎつぎ》に世界の山を制覇《せいは》した。何度もお会いしてお話を聞いた。彼女《かのじょ》は幼年期《ようねんき》、運痴だったという。

将来《しょうらい》、どこでどう、そのひとの得意が出てくるかなんてわからないのだ。

僕《ぼく》は音痴で音楽は苦手だった。カラオケに誘《さそ》われるのが嫌い。付き合うことももちろんあるけど、イルカさんの「なごり雪」を一回歌ったあとはずっと聞き役。本当は一曲も歌いたくないけど、歌わないと場がしらけるなあと思うと、歌っちゃう。こういう性格《せいかく》、自分でもやだなあって思うんだけどね。

運痴《うんち》も音痴も、その人の個性《こせい》のひとつだ。

ジェラシーの力

運動嫌《ぎら》いな人は、競走しても、前の人から十メートルも離《はな》れてゴールなんかして、それで拍手《はくしゅ》されても「同情《どうじょう》なんてするな」って思うんだろうな。「恥《はじ》をかかせるな」なんて、ネガティブな感情《かんじょう》ばかりが出たりしてね。

よくわかるよ。僕《ぼく》はいつもカラオケの時にそうだから。

全員音痴の人が集まってカラオケに行ったら楽しいかもしれないな。うまいのか下手なのかわかんない人間がみんな集まって、安心できるだろう。「あいつより俺《おれ》の方がちょっとうまいかもしんない」なんて思ったりしてね。でもすぐに、わずかな差だけど、その中でちょっとうまいやつが出てくるんだよな。それで心が勝手にざわついて、ジェラシーっていうやつが生まれたりする。これが人間。

ジェラシー上等だよ。こんちくしょう、あいつよりうまくなってやる、なんて秘密《ひみつ》の特訓したりしてさ。

ジェラシーは完全悪じゃない。ジェラシーを上手に使って、自分を成長させることだってできる。妬《ねた》みが自分の中にあっても、そんなの気にしない。人を陥《おとしい》れたり足を引っぱったり、マイナス行動に出るのが問題なだけだ。特訓して、十八番ができちゃったりしたら、かっこいいじゃない。

体を動かすと心が変わる

先ほどの田部井《たべい》さんみたいに、運動が苦手だったと思う人が山登りをやったらめちゃくちゃ合っていた、なんてことがあるんだ。不思議だよね。音痴だと思って音楽が嫌いだったけど、伴奏《ばんそう》が聞こえてきて歌ったこともない歌をまあまあ歌えたりなんかしたら、音楽が俄然《がぜん》好きになったりする。

体を動かすと、発想法が変わることが多いよ。

それは、心と体がつながっているからなんだ。

なんかちょっと心がつまずいているなって思ったら、体を動かしてみるといい。これは自分のためだから、苦手でも得意でも関係ないんだ。

体を動かすことは心を動かすことにつながる。このこと、ちょっと覚えておいてほしい。

音楽もそう。うまく歌えなくてもいい。でも自分の人生に鼻歌があったりすると、案外元気になるんだよね。

2 棚に上げてみる（女子編）

自分のことは棚に上げ、高望みしてみる

自分にそれができるかどうかは別として、たとえ自分はそれにはほど遠くても、ときどき自分を棚《たな》に上げてしまおう。かっこつけずに勝手なことといって、スッキリしちゃおう。

僕《ぼく》も自分のことは棚に上げて、今回は男子に持っていてほしい力を、十代の女子に聞きながら考えてみた。もちろん、その相手が誰《だれ》なのかによっても違《ちが》うんだけどね。

「ひやっとした時に温めてくれる包容力《ほうようりょく》」。こんな力持ち、いいね。

悩《なや》みを相談したいとき、女子は解決《かいけつ》方法を同性《どうせい》の友人に聞くことが多い。

男子には「どうした？」とまず気にかけてほしいだけのようだ。

「そうか、そうなんだ、辛《つら》いな」とうなずいていてくれるだけでいいらしい。いいたいことをいわせてもらえて感じられる「共感力」が嬉《うれ》しいんじゃないか。

「君は特別」の魅力

そして「特別感」がほしいそうだよ。自分だけに見せてくれる顔があると嬉しくなる。ツンデレのデレが自分にだけ多めだと嬉しいらしい。

本気で怒《おこ》ってくれるなら、怒《いか》りもありなんだそう。

「年上力《としうえりょく》」なんてのも嬉しいらしいよ。実際《じっさい》の年齢《ねんれい》とは違う。おっさんになれってことではないよ。

いてくれるだけで安心するような空気が欲《ほ》しいんだ。相手が、なにかの影響《えいきょう》を受けずに、落ち着きがあってくれると、自分がパニクっていてもおさまりそうだし、落ちこんでいてもゆっくり立ち上がれそうな気にさせてくれる。

自分はツンデレのツン多めだけど、「参ってる時、年上力がある人が、ただそばにいてくれて最高だったな」という女の子がいた。

魅惑の力がいっぱい

「副班長《ふくはんちょう》力」。リーダーシップを持っている男子はかっこいいけど、なんか立派《りっぱ》すぎて押《お》しつけがましく感じちゃったりもして。グループのよき副リーダーのように、実は大事なところで全体を支《ささ》えている、こういう副班長力ってかっこいいんだなあ。班長より、実は副班長って大事な役割《やくわり》で、モテるのかもな。

「大口力」。料理をおいしそうに食べる男子ってかっこいいって。それに、なんでも楽しそうに、食べるときでもしゃべるときでも歌うときでも、大口力のある男はかっこいい。

「石鹸《せっけん》力」なんてのもあるよ。人工的な香水《こうすい》なんかで飾《かざ》るのでなく、素《す》の爽《さわ》やかさ。それだけで見た目まで三割《わりま》増しだってさ。

「金太郎《きんたろう》力」なんてのもあった。重いものだろうが軽いものだろうが、ひょいと力を貸《か》してくれる気持ち。パワーを出し惜《お》しみしない男子っていいな。

「聞き上手力」。すぐ話に口を挟《はさ》んで、横取りして自分の話をする男は大嫌《だいきら》い、という女子は多い。相手の言葉をじっくり聞いてくれる男の子、モテると思うなあ。

自分を棚から下ろしてみよう

自分を棚《たな》に上げて、自分が相手に何を望んでいるのか、気づいてみる。そのうちに、じゃあ自分を棚から下ろしたら、「石鹸力」があるだろうか、なんて観察してみる。同性《どうせい》でも異性《いせい》でも、友達が辛《つら》そうなとき「金太郎力」を発揮《はっき》できるのって素敵《すてき》だ。女の子も、おいしそうに大口で食べるの、いいよね、きもちいい。

こうやって考えてみると、異性に限《かぎ》らず、同性にも自分に対しても、人間的な魅力《みりょく》ってなんだろう、って考えるきっかけになるね。

3　棚に上げてみる（男子編）

「ちょうどいい」が欲しい

次は、男子が女子に持っててほしい力バージョンね。さあ、どんどん棚に上げるよ。

「片目力《かため》」。これ大事。両目を見開いて、あら探《さが》しをしない。半分目を開けて、じわっといいところをキャッチ。男子より女子の方が目力が強いことが圧倒的《あっとうてき》に多いように思うよ。

「お月さま力」。太陽のようにギラギラじゃない明るさ。月が出てると、真っ暗な夜も明るい。道を照らしてくれるよね。道に迷《まよ》ったとき、どの道を行ったらいいかヒントになるんだ。

「カイロ・保冷剤《ほれいざい》力」。その時にちょうどいい温度で接《せっ》してほしいということだ。ベタベタしすぎない。でも寒いときはあったためてほしい。暑いときはひんやり落ち着かせてほしい。でも冷たくしすぎないでね。わがままだけどね。

「低反発力」。これは難度《なんど》の高いパワーだ。低反発って、じわっとへっこみながらじわっと戻《もど》っていく。反発力が強いとパンとはねのけられて終わり。でも、低反発はあたっても、じわっとそこに入れてくれて、ふわっと包みこむようにしながら、気持ちのいいところで押《お》し返してくれるんだ。

そこに愛があるんだよ

「すっぴん力」。バッサバサのマツエクより、起きたときとそんなに違《ちが》わない素《す》の笑顔が希望。あれ、僕《ぼく》の話になっちゃった。

「行間読み力」。ぶっきらぼうにしか話せない相手からも、そこに愛があることを感じ取ってくれるといいな。好きな子にはさ、男子はついつい、ぶっきらぼうに話しがちだよね。それでも受け止めてもらえたら嬉《うれ》しい。

「お風呂《ふろ》あがり力」。濃厚《のうこう》な香水《こうすい》の香《かお》りって、暴力《ぼうりょく》になることもあるよ。香害《こうがい》。お風呂からあがったような清潔《せいけつ》な感じを持っているような人に弱いなあ。あれ、やっぱり僕の話になっちゃった、ハハ。これ、さっきの石鹸《せっけん》力に近いよな。

「インタビュアー力」。不器用な奴《やつ》にとっては、女子との間をうまくつめるのは難《むずか》しい。なにかを聞いてくれるとなんだか嬉しい。得意なことを質問《しつもん》してくれたら舞《ま》い上がるよ。

「よしよし力」。褒《ほ》められると快感《かいかん》ホルモンのドーパミンが出る。人間を成長させる報酬《ほうしゅう》系《けい》。すごいね、かっこいいねっていわれると、ますますかっこよくなろうとするんだなあ。おもしろいでしょ。

「棚上げ思考法」で理想論へと

男子が女子に望むだけじゃないなあ、これ全部。

これ考えていくと、男子も女子もほしい力だらけだってわかるし、男女の境界《きょうかい》なんてなくなってくることに気づくよ。

男女だけじゃないよ。たとえば、こどもと大人。こどもは、自分は棚《たな》に上げて大人に求める力をリストアップして渡《わた》したらいい。大人は大人で棚上げして、こどもにこうあってほしいと。それぞれが建前から離《はな》れて、自分はたいしたことないんだけど、なんてことからも離れて、こんな大人がいてくれたら、こんなこどもがいてくれたらってさ。

そうしているうちに、自分はどんな人に魅力《みりょく》を感じるのか、どう魅力をつけていったらいいのか、発見があるよ、きっと。

よしよし力、インタビュアー力、お風呂《ふろ》あがり力……。ちょっと意識《いしき》を変えれば、案外簡単《かんたん》に出せる力かもしれないね。

自分でこういう、はちゃめちゃな「力」を考えてみるといいよ。誰《だれ》にでも「力」はあるんだから。

みんな、自分の中に無数にあるパワーに気がついてみようよ。

「俺《おれ》、『〜力』の達人なんだ」「私《わたし》の『〜力』は誰にも止められない」なんてさ、楽しんでみて。

4 自分流の生き方を少しずつ

別世界をのぞき見

男子に向けたマンガには「ありえない女子」が出てくる。女子からしたら、いるわけないでしょっていう。これって猫《ねこ》かぶっているだけじゃない、かぶっている猫とったら、私たちになるんだよ、なんていいたくなるだろうな。

でもちょっと、勝手に自分で作った境界線《きょうかいせん》をこえて、別世界をのぞき見するのもいいじゃない。

男子も少女マンガを読んでみるといい。これはキュンキュンの詰《つ》め合わせだって、目から鱗《うろこ》かも。

でも少女マンガの男子のようには全くなれないもんな。少なくとも、僕《ぼく》はね。女子がこういうのを読んでキュンキュンしていて、こんな風にキュンキュンさせてくれる男子だけをよしとして探《さが》されても困《こま》っちゃうけどね。

その人らしさをつくるホルモン

十代ってさ、男性《だんせい》ホルモンと女性《じょせい》ホルモンが出て、体が大人になっていく。難《むずか》しいのは、心と体がアンバランスになる時期があるってこと。ホルモンが勝手に動き出して、けっこうやっかいなんだよ。

あ、そうそう、感情的《かんじょうてき》になって失敗しちゃったときは、私《わたし》が悪いんじゃなくてホルモンが悪いんだって思ってもいいよ。しょうがない時期ってあるんだ。ここはみんな通過《つうか》する。小学校の高学年くらいからグンと大人化しちゃう子もいるし、ゆっくりと高校生になってから大人化していく子もいる。

結局ね、男の感覚、女の感覚、そんなにかっちり分けられるものじゃないんだ。もちろん個人差《こじんさ》はある。いわゆる男らしいとされてきたような男。女らしい女もあるにはあるけれど、いわゆる男らしい女や女らしい男だってあるわけだ。場合によってはそんな時期を通ることもある。男らしい男もいいけど、女の感覚を持ってる男はモテるなあって感じる。反対も同じだ。男前の女の子ってすげえかっこいいよなって、僕《ぼく》は思うんだ。

いわゆる女らしい女がモテることもあれば男前の女がモテる場合もある。みんなそれぞれ生き方も違《ちが》うし好みも違うから、ここにそれぞれの恋《こい》や愛が発生するんだ。なんでもありだ。

みんな、自分の意識《いしき》と離《はな》れて勝手に出てくるホルモンも合わさって、その人らしさを作っていくんだよね。

自分で自分を大事にしているか

自分で努力できることとできないことがある。

一番大事なのは、自分が自分を大事にできているかってこと。人と違っていようが、自分がそれを好きって思ってあげればいいんだよ。また時期が変われば変わってくることもある。誰《だれ》かがジャッジする「らしさ」に呪縛《じゅばく》されなくていいんだ。男らしさ女らしさなんてくそくらえ。そんなことより人間らしさにこだわればいい。

友達との関係も、チームプレーの部活でチームワークを作るときも、人を好きになるときも、大事なことは相手に百％合わせることじゃない。

自分と違う存在《そんざい》がいる。自分と違う存在だからこそ、その人とチームワークを作れたり、なんだか知らないうちに恋をしてしまったりするんだよね。

違《ちが》う存在《そんざい》を認《みと》める。知ろうとしてみる。近づこうとしてみる。相いれないけど相手の存在をリスペクトする。これが人間関係だと思う。

バラバラのなかのリーダーシップ

僕《ぼく》はバラバラが好き。バラバラだけど、ひとりひとりが孤立《こりつ》していないことがいいなって思ってる。

小学校六年生で野球チームのキャプテンをしていた時も、三十代で病院の院長になった時も、リーダーとしてもそう思ったんだ。

院長になったのは、六十歳《さい》くらいの大先輩《だいせんぱい》の医師《いし》がいるところだった。最初はギクシャクしていたけれど、ひとりひとりの力を認めてみんなでおもしろくやっていたら、大先輩も協力してくれたんだ。

相手が好きとか嫌《きら》いとかに執着《しゅうちゃく》しないで超《こ》えてみる。例えば嫌いでもいいから、嫌いな人の全部をみると、いいところもあることに気づく。そのいいところを見るようにしてきた。そのいいところを発揮《はっき》してもらうと、いいチームワークになることがわかった。

人間はまだらだからおもしろい

人を好きになることもそう。全部好きなんてないよね。最初はそう見えても。

人間はまだらだ。

自分もまだらだってことがよくわかっている。俺《おれ》は、けっこうあったかい。でも貧乏《びんぼう》の中で生きぬいてきて、けっこうクールな面もできていたのに気がついた。やさしい人間だと思うけど、冷たいところもあるのを自分でよくわかっている。

3章の3に出てきた、僕の親友のワカサン。彼《かれ》と比《くら》べると、自分は勝てないなって思う。まるごといいやつとしか思えないんだ。こういうやつが、ほんとたまにいるんだよな。そんなとき、自分のまだらさが、よりはっきり見えてくる。いや、もちろん、ワカサンだってまだらの中で生きてるはず。でも僕にはそれが見えなくて、ワカサンの方が僕よりあったかさが上だなって、けっこう冷静に見ちゃってるんだよ。

嫌いだなって思う人に対しては、この部分はいい、と思うように、人に対して全否定《ぜんひてい》しないようにしている。

僕のなかにも嫌《いや》なところがたくさんあって、それをひとつでも減《へ》らしていければと思ってきた。今の自分をまるごと認《みと》めて、今はそうなんだ、と肯定《こうてい》しながら、明日もうちょっとよくなろうって生きてきたんだ。

けっきょく、完全には最後までならないだろうね。でも楽しい修行《しゅぎょう》だって思ってる。今の自分を認めているから苦しい修行ではなくて、明日はもっとマシになりたいなって続けている。今この時も思っているよ。

イラク難民《なんみん》キャンプに行ってこども達の診察《しんさつ》をするのも、東北や熊本《くまもと》の被災地に行くのも、水害のあった福岡《ふくおか》の朝倉市に行くのも、北海道の小さな町に町おこし（地域包括《ちいきほうかつ》ケア）のために毎月行くのも、そういう思いからなんだ。まだらな自分がちょっとマシな人間になっていくためなんだな。自分ファーストで自分のためだけに生きないように、自分に歯止めをかけているんだ。

世界はひとつにまとまらなくていい。なんでもありだ。バラバラでいい。

でも不思議なんだよね。そう思いながらも、ふたりでひとり、なんていう感覚で、他人を好きになったりもするんだよ。そう思ったって、最後の最後まで違《ちが》うひとりひとりなんだけどね。だけど時々《ときどき》、ふたりでひとりみたいに思えちゃう時があって、それがおもしろいんだ。

友達幻想に振り回されない

嫌《いや》だと思うやつに関わった時、こういう人間がいるんだなって、こいつも人間だしなって、広い心で見られるといいよな。

僕《ぼく》は、不機嫌《ふきげん》は暴力《ぼうりょく》だと思っているよ。

君らの中にもいないかな。ラインのメッセージがきて、既読《きどく》で了解《りょうかい》したつもりなのに、既読スルーしたってえらく不機嫌になってしまう人。

友達だからなんとかなかよくやっていきたいって思うよね。だから、不機嫌な人の機嫌にはつきあうべきか？　答えはＮＯだ。

友達を作る、そして大事にする。大事にするのはいいことには違いない。

でも自分を犠牲《ぎせい》にしてまで友達につきあわなくていい。

それは大事にしているとはいえない。友達幻想《げんそう》。

いいんだよ。それで離《はな》れるならそれでいい。人と人は、近づいたり離れたり近づいたり離れたり。それが人と人。いつも気配りをしてすぐにラインのメッセージを見て送りかえすなんて、みんなでバカらしいから禁止《きんし》ねってなったらいいなあ。返事を送りたいときはちゃんと送ればいい。ちょっと考えてから返事をしたいときはそうすればいい。忘《わす》れちゃうことだってあったっていいんだ。忘れた、ごめんって認《みと》められればさ。だって生きてんだもん。もっと大事なことだってあるよ。

僕《ぼく》たちは縛《しば》りあったり自分を縛ったり自分の人生をつまんなくするんじゃなくて、おもしろくするために生きているってこと、忘れないで。

自分の自由を大事にするには、他人の自由も大事にするってこと。これが鉄則《てっそく》。

5 人に任せるな

人任せにしない、をクセに

1章の3でもいったように、僕、欅坂《けやきざか》46が大好きなんだ。

彼女《かのじょ》たちの曲『サイレントマジョリティー』の中に「人に任《まか》せるな」という歌詞《かし》がある。そして「君は君らしく生きて行く自由があるんだ」。ほんと、そう。

この本は、みんながひとりひとり、より自由な人間になっていってほしい、と願って書いている。「大人たちに支配《しはい》されるな」だ。

自分の人生なんだ。なにものにも縛られないで生きていきたい。できるだけ自己《じこ》決定していこう。人任《ひとまか》せにしない生き方。それが自分のクセになるといい。

難《むずか》しく考えないで、小さいことから始めるといいよ。なに食べたい？って聞かれたら、なんでもいいじゃなくて、カレーがいいとか餃子《ぎょうざ》が食べたいとか、自分で選択《せんたく》すること。休みにどこか行こうか、といわれたら、どこでもいいじゃなく、映画《えいが》に行きたい、海で泳ぎたい、など、自分の思いを表現《ひょうげん》することを重ねていって、それが苦じゃなくなるといい。もしも、相手の、東京ディズニーランドに行きたいという意見に反対だったとしたら、じょうずに話し合いが持てるといい。

大人になって、なにがしたいかわからないままの人もいっぱいいるよ。この大人たち、けっこうやっかい。

やりたいことがわかっている。一方でやりたいことが全て実現《じつげん》できるわけではないということも理解《りかい》する。さらには、やりたいことを実現するためには、周りをどう説得したらいいのか？など、その道行を自分で考えてみる。努力を見せての上、がいいこともある。

こうやって、自分らしく生きることの軌道《きどう》が始まっていく。

人の目を気にしすぎない

僕《ぼく》は大学受験に一回失敗して浪人《ろうにん》をした。その間、アメリカの社会学者のデイヴィッド・リースマンの『孤独《こどく》な群衆《ぐんしゅう》』を原書で読み始めた。背伸《せの》びをしたかったんだ。正直に話そう。最後までは読みきれなかったけどね、ははは。でも途中《とちゅう》まででも思ったことがあるんだ。

人間が生きる上で、「恥《はじ》」という概念《がいねん》はとっても大事。恥《は》ずかしいことをしないということ。

でもさ、しないように、とするのも、度がすぎるとマイナスになる。すぎると、逆《ぎゃく》に人間は小さくなってしまう。

思春期こそ、失敗を恐《おそ》れないで失敗の経験値《けいけんち》を増《ふ》やす、恥をかく練習にもってこいの季節。そうでないと、何が「恥」かもわからない。じゅうぶんその季節で恥をかいて、自分にとって、あるいは人間にとって、なにがほんとうに「恥」なのか、見極めてほしい。

現代《げんだい》は孤独な群衆のひとりひとりが、よりバラバラになって、何を大事にしているかっていったら、他人の目なんだ。

他人の目による恥の概念にも権力《けんりょく》にも縛《しば》られ、人間は自分が動きたいように動くことよりも、他人の目を優先《ゆうせん》させて生きている。

そういう孤独な群衆の中で、欅坂《けやきざか》46の『サイレントマジョリティー』は、どう生きたらいいか、のヒントを示《しめ》している気がする。

理解しあえる人の存在

米津玄師《よねづけんし》さんの『アイネクライネ』も大好き。

孤独な群衆の中で僕らは生きている。『アイネクライネ』の歌詞《かし》の中に「それからずっと探《さが》していたんだ　いつか出会える　あなたのことを」ってある。孤独な群衆の中で僕たちを守ってくれるものは何か。理解《りかい》しあえる人がいること。これが大事なんだ。

人間はみんな勝手。そして勝手にバラバラになっていく。バラバラだけど、わかってくれる誰《だれ》かが欲《ほ》しいんだよな。『アイネクライネ』はまさにそんな叫《さけ》びのような気がする。

支配されるな

孤独な群衆の中で何かの奴隷《どれい》になるのが「依存症《いぞんしょう》」だ。十代はゲームやネット、スマホの依存症《いぞんしょう》に気をつけたい。

活用するのはいい。でも奴隷《どれい》になってやめられなくなってしまうのは、鎖《くさり》に繋《つな》がれてしまうのは、せっかく個《こ》として生まれてきたのに、自身でそれを放棄《ほうき》するということだ。

自分の人生、何にも支配《しはい》されるな！

6 殴った先生

中学校時代の忘《わす》れられない先生がいる。

僕《ぼく》は野球部に入っていた。試合がある日、僕たちは気持ちが高ぶっていた。

僕の母は体が弱くて入院していることが多かった。この日も弁当《べんとう》は作ってもらえなかった。僕の他にも弁当を作ってもらえない子が四人いた。

そのメンバーで、禁止《きんし》されていたけど、学校近くのラーメン屋さんに行った。見つからないだろうと思っていたら簡単《かんたん》に見つかってしまった。全員グラウンドに呼《よ》び出された。

「学校を抜《ぬ》け出してラーメン屋に行くなんて、なんてことをしたんだ」と怒鳴《どな》られた。「全員歯を食いしばれ」平手打ちが飛んできた。目から火花が飛び散るほど痛《いた》かった。「二度とするな」と静かにいわれた。「野球の試合、全力で頑張《がんば》れよ」といわれた後、「ルール違《い》反《はん》についての注意はこれで終わり。後のことは俺《おれ》に任《まか》せとけ」ともいわれた。この意味はよくわからなかった。

職員《しょくいん》会議で他の先生たちに、その青柳《あおやぎ》先生が、生徒にその責《せ》めが回らないよう謝《あやま》ってくれたというのを、後から聞いた。彼《かれ》が僕たちを守るための要素《ようそ》として、殴《なぐ》ったんだと理《り》解《かい》ができた。

この先生が野球部の顧問《こもん》から他の顧問に移《うつ》るという噂《うわさ》が出たとき、殴られた五人はすぐに先生のところへ飛んでいった。先生が、僕たちのことをどれくらい思ってくれていたかわかっていたから、「先生、僕たちの顧問を辞めないでください」と、悪ガキ五人は、先生に泣きながらお願いした。

暴力は絶対に許されない

暴力《ぼうりょく》を美談にするつもりはまったくない。どんなことがあっても暴力はいけない。許《ゆる》されることではない。これはその頃《ころ》も今もまったく同じ想い。

それでも、先生を大好きなのはなぜだろう。

あの頃《ころ》、僕《ぼく》たちは、僕らを守るために殴《なぐ》ったからといって、青柳《あおやぎ》先生を慕《した》っていたのでは、もちろんない。僕たちは、青柳先生に縛《しば》られていたのだろうか。

いや、人間と人間の、いい絆《きずな》を感じていたから、大好きなのだ。

あの時は時代の中での表現《ひょうげん》として、先生は「殴る」を選択《せんたく》したけど、「殴る」しか方法がないなんてことは決してない。

そこを履《は》き違《ちが》えている先生は未だにいる。

この三十年間、報道《ほうどう》で確認《かくにん》できるだけでも、未遂《みすい》を含《ふく》め約七十件《けん》の指導死《しどうし》があった。厳《きび》しい指導のせいでこどもが自死をしてしまうのは、絶対《ぜったい》に許《ゆる》せない。

伝えづらいことを伝える勇気

相手のいい面を伝えるのは、相手が嬉《うれ》しいことだから、いいづらいということはめったにないだろう。

その逆《ぎゃく》を伝えたいことがある時ほど、伝え方が大事になってくる。

いい面も合わせて、提案《ていあん》するように伝えられるといいと思う。

「あなたのここはいいよね。ここはこうしたらどうだろうか」って。

一方通行は不健全だ。お互《たが》いがお互いにいい合えるのが健全だ。

こどもの時大人にされて嫌《いや》だったことも、どうかずっと忘《わす》れないでいる大人になってほしい。

何十倍もの愛

五十年経《た》って、クラス会があった。

青柳先生がきてくれた。

あの事件《じけん》のことをよく覚えていた。あの時の先生は、僕たちを守る策《さく》として、そして、一生懸命《いっしょうけんめい》、言葉を超《こ》えて愛を伝えようとしていた。僕たちはそれがひしひしとわかったから、平手打ちをも受け止めたのだろう。

僕のようになんでも思いつきでやってしまう性格《せいかく》の人間にとっては、当時の青柳先生の存在《そんざい》は大きかったのだ。

先生は数年前に亡《な》くなった。大往生《だいおうじょう》だったと聞いている。

僕は先生のことを大切な恩人《おんじん》だと思っている。

先生、大好きです。ずっと忘れません。

叱《しか》るとは、褒《ほ》めるより何十倍もの愛が必要で、それを惜《お》しみなく注いで伝えるべきものだ。

そこに暴力《ぼうりょく》はいらないし、その愛の表現《ひょうげん》はそれぞれが培《つちか》っていくものなのだろう。

僕《ぼく》はきっとそれを、殴《なぐ》るという行動からではなく、青柳《あおやぎ》先生そのものから感じていたのだろう。

殴られたから、ではないと、今ははっきりわかるのだ。

7 憎まない生き方

青柳先生に殴られた僕は、青柳先生を憎《にく》まなかった。

先生が僕たちを愛してくれているのがよくわかっていたからだ。

人間はもっとすごい。

愛されていないのに、それどころか、ものすごくひどいことをされても、「それでも私《わたし》は憎まない」といった男がいた。

憎しみはマイナス

イスラエルとパレスチナは、七十年近くも厳《きび》しい状態《じょうたい》が続いている。

そんな中でアメリカのトランプ大統領《だいとうりょう》は、イスラエルのアメリカ大使館をテルアビブからエルサレムに移転《いてん》することにした。エルサレムはイスラム教の聖地《せいち》があったりキリスト教の聖地があったりユダヤ教の聖地があったりする。特にイスラム教徒が多い中東の国々《くにぐに》にとっては、納得《なっとく》できないものだ。

これに反対して、パレスチナのガザなどで大きなデモがあり、死傷者《ししょうしゃ》が出ている。

パレスチナ人医師《いし》のイゼルディン・アブエライシュさんが『それでも、私は憎まない』(亜紀書房《あきしょぼう》)を出版《しゅっぱん》するときに、僕は手伝いをした。

二〇〇九年、イスラエル軍はガザ地区を攻撃《こうげき》した。彼《かれ》の自宅《じたく》は爆撃《ばくげき》され、三人の娘《むすめ》さんが亡《な》くなった。

攻撃が繰《く》り返されているとき、彼はとっさにイスラエルのキャスターに電話をかけた。生放送中だったが電話は受けられ、アブエライシュさんの言葉は放送された。

イスラエルの人々《ひとびと》は、三人の娘を抱《だ》いて絶叫《ぜっきょう》するアブエライシュさんの声を聞いて、その時ガザで起きていることをやっと知った。

攻撃《こうげき》する側は攻撃される側の痛《いた》みがなかなかわからない。

アブエライシュさんが来日した時、僕《ぼく》はこう聞いた。

「娘《むすめ》を三人も殺されて、なぜあなたはイスラエルを憎《にく》まないのか?」

彼《かれ》はこう答えた。

「パレスチナのこどもたちは自由に遊ぶことも勉強することも世界に飛び立つこともできない。難民《なんみん》としてパスポートをなかなか出してもらえない。パレスチナの若者《わかもの》が、ほかの国の若者と同じように早く自由に生きられるようにしてあげたい。そのためには自分の憎しみを広げてはマイナスなんだ」

僕たち人間は、負の心が働くことがある。嫉妬《しっと》、恨《うら》み、憎しみ……。こういう負の心が自分の人生にプラスにならないのはわかっているのに、それでも人を羨《うらや》んだり憎んだり相手に怒《いか》りを爆発《ばくはつ》させたりしてしまう。人間はこういう傾向《けいこう》を持っている。

できるだけ負の心を減《へ》らしていくことが大事、といつも考えている。

教室の中も同じ。あいつはいいよなって、嫉妬から無視《むし》をしてしまったり、暴力《ぼうりょく》をふるわれるからあいつのいうことを聞いたふりをしよう、なんて従《したが》ってしまったり、ついつい、僕たちは負の心が働いてマイナスの行動を起こしてしまう。でも、いいことはない。憎んだり恨んだりするより、いつか社会の状態《じょうたい》をよくする、自分は今よりもっと大きな人間になる、と思って行動しつづけることが大事なのだと、このパレスチナの医師《いし》から教わった。

8 おぼれている人がいたら助けてあたりまえ

不条理な世界

イスラエルの強さと妥協《だきょう》しない暴力性《ぼうりょくせい》はどこからくるのだろう。

イスラエルにはユダヤ人が多い。

第二次世界大戦で、六百万人ものユダヤ人が亡《な》くなった。自分を守るためには強くならないといけない、と軍隊を強くしてきた。

そして自分たちの国をつくった。

そこにはパレスチナ人が住んでいた。パレスチナ人はどんどん追いやられる。

イスラエルは塀《へい》を作って追いやっていく。上の写真のような塀が町中にあるんだ。下の写真のように、塀の一方には高級住宅《じゅうたく》が建ち、お金のあるイスラエル人が住む。鉄条網《てつじょうもう》の側には、貧《まず》しいパレスチナ人が住む。

世界は不条理《ふじょうり》だ。常識《じょうしき》が力に負ける。

パワーバランスのなかで、イスラエルという国が認《みと》められ、長くそこに住んでいたパレスチナ人を圧迫《あっぱく》していく。まったく理不尽《りふじん》だよな。

僕《ぼく》らの住んでる世界は、残念だけど、納得《なっとく》できないことが多い。もちろん君もその不条理の世界で生きている。納得できないことも多いだろ。

それでもそんなことに縛《しば》られない人間がいたんだ。

不条理に呪縛されないで生きられる人間

僕はイスマイルさんというパレスチナの男性《だんせい》を訪《たず》ねた。

次のページの写真の道路で、彼《かれ》の息子はイスラエル兵に殺された。

彼の息子の心臓《しんぞう》は、イスラエルで行われている高度医療《いりょう》の心臓移植《いしょく》に使われた。

重い心臓病《しんぞうびょう》で動くこともできなかった十二歳《さい》の少女に移植された。

彼をその子の家に連れていった。パレスチナ人がイスラエルにいくのはとても大変。僕もイスラエル兵に銃《じゅう》で脅《おど》されたくらい。

それでも日本人はまだ、自由に世界をとびまわれる。イスラエルとも仲がいいし、パレスチナからも信頼《しんらい》を受けている。世界をとびまわってみると、どこでも日本人は旅をしやすかった。

左の写真で、プレゼントの浴衣を着ているのがその少女だ。

この女の子の家に入ると、イスマイルさんは少女を抱《だ》きしめ、「嬉《うれ》しい、まるで息子が生きているみたいだ」といった。

「あなたはイスラエル兵に自分の息子を撃《う》たれ、その敵《てき》ともいえるイスラエルの女の子によく心臓《しんぞう》をあげられましたね。僕《ぼく》が親なら絶対《ぜったい》にできない」と僕はいった。

人間としてやらないといけないこと

イスマイルさんはこう答えた。

「海で溺《おぼ》れている人間がいたら、泳げる人間は海に飛びこんで助けようとする。あたりまえのことだ。溺れている人間に向かって、あなたの国はどこか？　あなたの宗教《しゅうきょう》はなんだ？　なんて聞かない」

ただただ、かっこいい。自分の国とか宗教とか関係なく、人間としてやらなくてはいけないことがあると、彼《かれ》はいいたかったんだと思う。

このことを忘《わす》れないでほしい。日本人である前に、人間として生きるってこと。

世界がどんなに不条理《ふじょうり》でも、僕たちは、人間として「まっとう」に生きていきたい。

人間として恥《は》ずかしくない生き方をすることが大事なんだ、と思った。

十二歳の女の子の夢

十二歳《さい》のパレスチナの少年がイスラエル兵に殺され、その少年から、十二歳のイスラエルの心臓病《しんぞうびょう》の少女に、リレーのバトンのように命が渡《わた》された。

少女の名前は、サマハ。

彼女《かのじょ》に僕《ぼく》は聞いた。「君の夢《ゆめ》はなあに?」

「私《わたし》はパレスチナの人に助けられた。私は心臓病で動くことができなかった。学校にもいけなかった。心臓移植《しんぞういしょく》が成功して、私は学校にいけるようになった。今、必死に勉強している。いつか看護《かんご》大学にいって看護師《かんごし》になって、パレスチナの難民《なんみん》キャンプにいって、パレスチナのこどもたちを助けてあげたい。それが私の夢です」

不条理《ふじょうり》な世界で、少しでも人間らしく生きることを努力している人たちがいる。

この本を読んでくれている君たちのなかには、サマハとはまた違《ちが》った、不条理な世界で必死に生きている人もいると思う。縛《しば》られないでほしい。

恵《めぐ》まれている恵まれていない……なにをもってわけるのか、それは難《むずか》しいけど、どの人も人間として、自分の芯《しん》が喜ぶように、美しくかっこよく生きていってほしい。

第5章

未来は変えられる

1　未来からの手紙

『orange』

この漫画《まんが》を読んだことのあるひと、いるかな。読んでない人にはネタバレになっちゃうけど、ごめん。

高野苺《たかのいちご》さんの『orange』(双葉社《ふたばしゃ》・刊)。おもしろかった。

主人公の菜穂《なほ》が未来の自分から手紙を受け取る。誰《だれ》かのいたずらだと思っていたが、書かれていたことが本当に起こっていく。やがて自死を選ぶ、始業式に転校してきた翔《かける》を救いたいという、未来の菜穂からの手紙だった。未来の菜穂が後悔《こうかい》していることを伝え、具体的に、現在《げんざい》の菜穂に翔が自死を選ばないように行動してほしい、という希望が書かれていた。

翔は母親の自殺に自身が背中《せなか》を押《お》してしまったことへの後悔から動けないでいた。やがて、手紙は菜穂にだけでなく、なかよしグループのメンバーにも届《とど》いているとわかる。

翔《かける》を生かしたいという共通の願いは結びついて大きくなっていく。

あまりにも切ない痛《いた》みを抱《かか》えていた翔。その翔に全力で向かう友人たち。

菜穂《なほ》の「もしまた生きるのが辛《つら》くなる日が来るとしても、その時は救うよ。何度でも何度でも」という言葉が僕《ぼく》の中で美しく響《ひび》いた。

人間ってあったかい生き物なんだな。この仲間を見てまた思った。

もしも、もうひとつの生き方があったなら

「もしも」はどこにも転がっている。

もしも、『orange』のようにパラレルワールドがあったら。

この漫画《まんが》を読んで、僕は大事なヒントを見つけた。現実《げんじつ》にはパラレルワールドはないかもしれないが、パラレルワールドがあるかのように生きると、自分の新しい生き方が見えてくる。

例えば、ちょっと弱っている友人がいるけれど、今は自分ファーストで自分のことだけ考えて、ひたすら自分のことだけをしていたとする。パラレルワールドがあったら、ちがう自分がいて、その自分はその友人のために、何かできないだろうか、と考えているかも

しれない。見て見ぬふりじゃなく、誰《だれ》かのために自分の大切な時間を使っているかもしれない。

新しい自分を想像してみる

そんな想像《そうぞう》をしてみることで、いつもはなじみのない自分を発見する。もしかしたら人生の中でそんな選択《せんたく》をしてみてもいいかという時がくるかもしれない。

想像さえしなかったことを想像してみる。

いつもの自分、そして未知の自分を知って、思いもよらない変化につながることがあるんだ。

こうやって未来は変わっていく。未来のイメージした自分から、「ここはお前、勝負どころだよ」なんて励《はげ》まされたりしてね。

いい人生は、自分で自分に声をかけることから始まるかもしれないよ。

誰からも信頼される友人

人生の中で、人のために時間を使うってとっても大事。

何度かこの本に登場している中学校の同級生、ワカサン。小学校は違《ちが》っていたが、野球の試合を通して、彼《かれ》の存在《そんざい》は知っていた。彼はキャッチャー、僕《ぼく》はショート。中学で同じ野球チームになった。誰《だれ》からも信頼《しんらい》される名キャッチャーだった。野球をしない人からも信頼されていた。

僕たちの世代はベビーブーム世代といわれて、とにかくこどもが多かった。競争が激《はげ》しかった。僕が通っていた都立西高校には学年に四百人いて、ひとクラス、六十人くらい。彼とは高校は別だった。彼は何度も大学受験に失敗した。でもそれで、彼の未来はまったくマイナスにならなかった。

友達を大事にする男

仕事場でも彼の誠実《せいじつ》さや優《やさ》しさは輝《かがや》いていた。評価《ひょうか》されてどんどん責任《せきにん》のある立場になっていく。

僕がやっている、日本チェルノブイリ連帯基金《ききん》というNPOに協力を何度もしてくれ、本を僕が出すと、「鎌田《かまた》、本を百冊《さつ》買ってやるぞ」という。ありがたい。こんな友人はワカサンだけ。

僕は大学を出るとすぐに東京を出て、長野県の小さな病院に、内科医として勤務《きんむ》した。母は早くに死に、父は東京でひとり暮《ぐ》らしだった。

優しいワカサンは、僕の父を、時々《ときどき》夕食に招待《しょうたい》してくれた。

ある時、僕は父と電話で意見がわかれた。父は怒《おこ》り、その後、僕の電話には出なくなった。

お願いしてワカサンに行ってもらったが、父はドアを開けない。

彼は、塀《へい》を乗り越《こ》えて父と話をしてくれた。

父の曲がったヘソはなおった。

こいつが間に入ると、なんだか知らないけど、みんな、ま、しょうがないか、と笑顔になってしまうんだ。

「人間の魅力」が切り札

僕は新聞で連載《れんさい》したりテレビやラジオに出たりするようになった。同級生が集まると、なんとなく注目されて、みんな僕の話を聞いてくれる。でも次にみんなで何をしようか、という未来の話になると、全てワカサンに委ねられる。みんなが信頼しているのだ。

僕《ぼく》は家の墓《はか》を、長野県の家の近くに移《うつ》した。お盆《ぼん》やお彼岸《ひがん》の時にお墓参《はかまい》りに行くと、すでに綺麗《きれい》になって花が手向けられている。長野県に親戚《しんせき》はいない。僕の家の墓を綺麗にしてくれる人なんていないはずなのだ。

ワカサンに電話をした。「親父の墓参りしてくれたの、もしかしてお前か」と聞くと、「お前、忙《いそが》しそうだから。誰《だれ》も行かないと、親父さん寂《さび》しがると思って。俺《おれ》、ちょっとお参りしておいたぞ」

彼《かれ》の言葉にうるうるしてきてしまう。

こいつには返せないほどの借りがあるな、といつも思っている。

こいつに必要なことがあったら、僕はどんなことでもしたいと思っている。

僕がもっとも尊敬《そんけい》するこいつの武器《ぶき》は、偏差値《へんさち》や有名大学卒業というレッテルではなく、とことん人間としての魅力《みりょく》なんだ。

2 「自分の正解」になるような生き方を

希望の職業についたらバラ色か？

いわゆる世間的評価《ひょうか》のいい学校に入った方がいい場合もあるが、そんな学校に入らなくてもどんな成り行きになっても、自分の正解《せいかい》はある。

結局は選択《せんたく》なのだ。成り行きの中の選択。

「鎌田《かまた》はいいよなあ、医者になれば勝ち組か？　医者になって勝ち組で好きなことをやれるもんな」とよくいわれる。

医者になれば勝ち組か？　好きなことをやれるか？　これは医者という言葉を、君の「希望する職業《しょくぎょう》」と置きかえてみるといい。僕の場合を話すよ。

医者になった人がみんな、自分は勝ち組と感じていて好きなことをやっているか。君はどう思う？

医者になろうが望んだ職業につこうが、それだけで、人間はその理由で自由になるわけではない。

実際《じっさい》に、医者になっても、例えば研究のために大学に残ったが、思い描《えが》いていたような自由にはならず自分の選択をできないままの生き方をする人もいるんだ。医者になりたかった目標が異《こと》なっていって、いつのまにか、がまんがメインになっている生き方をしている人たちもけっこう多いのだ。

自分で決めると覚悟が決まる

大学を卒業して、潰《つぶ》れそうな、医者の来手がない病院に赴任《ふにん》した。もし権力《けんりょく》のある人から、「君、あそこを助けにいって」なんていわれていたら、僕《ぼく》はいかなかったと思う。むしろ僕は、教授《きょうじゅ》に「あんたが一度でもいってみたらどうだ。そこで病院をよく見てきて、いく価値《かち》があったら、そのあとは僕がその病院を立ち直らせるためにいってもいいよ」なんてことをいいそうな、生意気な若者《わかもの》だった。

僕は、父親から自由に生きていいっていわれた。僕は自由だからこそ、自分で決めて選んだんだ。医者がいなくて困《こま》っている病院にいくことを。

自由な人間であるからこそ、自分で決められるのだ。

より自由になるために

どんな職業《しょくぎょう》を選んでも、どの職業を通してでも、より自由な人間になろうとすることが必要。簡単《かんたん》じゃないけどね。

そのために僕たちは努力をするのではないか。アスリートになりたかった人がアスリートになってからも、苦しいほどの練習を重ねつづけるように、それぞれ、みんな、自分がよりその道で自由になるために努力をしているのだ。

例えば大学に入ることはゴールではない。医学部に入って医者になったらそれが人生のゴールなんてことはないのだ。

目標は、自分がもっと自由にもっとおもしろい人生を送ること。誰《だれ》の正解《せいかい》でもない、自分の正解のために、僕たちは努力するのだ。

3 先延ばしする能力が未来を変える

意志を強く

未来を変えることは誰にでもできる。

過去《かこ》はどうすることもできない。今、現在《げんざい》も、時間は過《す》ぎ続けていくから、コントロールは難《むずか》しい。でも未来はなんとかできる。

未来に影響《えいきょう》を与《あた》えるのは、意思の強さが一番では、と思っている。

アメリカ・スタンフォード大学のウォルターミシェル教授《きょうじゅ》が、一九六〇年代に「マシュマロテスト」という実験を行った。

こどもたちにマシュマロを見せ、今食べるなら一個《こ》、あとでなら二個あげるといって、こどもをひとり部屋に残し、マジックミラーで観察した。

ホットシステム

この実験のすごいところは、すぐ食べた子と待った子と、五十年以上も経過《けいか》を追ったこと。なんと気の長い研究だろう。

がまんした子は約二十三％。四人に三人はマシュマロを見てしまうと、すぐ手が出てしまった。

脳《のう》にはほしいものをすぐに手に入れたいと思う、「ホットシステム」というものがある。これが暴走《ぼうそう》すると、例えばゲームやＳＮＳの依存症《いぞんしょう》になるなどしてしまう。大人も依存症で人生を壊《こわ》してしまうこともある。

がまんした子は、自制心《じせいしん》が強く集中力が高く聡明《そうめい》で自信に満ちており、自分の判断《はんだん》で自分の人生を切り開いていく傾向《けいこう》があった、という。失敗しても人間関係でうまく調和させ乗り越《こ》えることができる人が多かったという。健康面でも、がまんした子は大人になってからの肥満《ひまん》指数が大幅《おおはば》に低い傾向が出ている。

クールシステム

脳の前頭前野には、欲しいものがあった時、それを得ることは得か損《そん》かを考える、「クールシステム」というものがある。ここは教育することが可能《かのう》。

貧民街《ひんみんがい》の中で、自分の欲望《よくぼう》を、生きるという本能から優先《ゆうせん》させて生きてきたこどもが、意志《いし》の力を鍛《きた》えるシステムに参加して、名門エール大学に入学した例が紹介《しょうかい》されている。

こどもの時ホットシステムが優位《ゆうい》でも、「がまん」しながら、やればできるという小さな成功体験を積み重ねることでクールシステムが鍛えられ、ホットシステムの暴走を防《ふせ》ぐことができるというのだ。

「情熱」と「冷静」

欲しいものに邁進《まいしん》するホットシステムの情熱《じょうねつ》は、プロジェクトに取り組んだりゼロから何かを立ち上げたりする時に不可欠《ふかけつ》なものだ。勉強やスポーツの成績《せいせき》をあげようとしている時も情熱が大事。だが同時に、がまんして待つクールシステムの冷静さも大事。

野球でもサッカーでも、情熱と冷静、この緩急《かんきゅう》が勝敗を決定する事が多い。

人生を立体的にするのが、このホットシステムとクールシステムだ。

クールシステムだけが圧倒的《あっとうてき》に強い子は、慎重《しんちょう》になりすぎて何か新しいことにチャレンジができない。

ホットシステムだけが強いと、情熱が空回りしたときに、スポーツの戦いでも受験でも失敗につながりやすい。

ふたつのバランスなんだね。

幸福感を持っているかどうか

自分の人生に対する幸福感も、人生に大きな影響《えいきょう》を与《あた》える。

ハーバード大学では、自己評価《じこひょうか》で幸福感が高い学生と低い学生を十六年間追跡《ついせき》した。

高かった学生は、低かった学生と比《くら》べ、生涯収入《しょうがいしゅうにゅう》が年収換算《ねんしゅうかんさん》で平均《へいきん》二万五千ドル高いことがわかった。

おそらく自分が幸福と考える人は、ポジティブに物事を考える事が多く、勝ち負けの厳《きび》しい資本主義《しほんしゅぎ》の中で前へ進む力が強く働いて、こういう結果となって現《あらわ》れたのではないかと思われる。

考えるということ

ギリシャのアテネに、古代アゴラの遺跡《いせき》がある。

そこに立って考えた。

二千四百年ほど前、ここでソクラテスがたくさんの市民に向かって「生きるとは何か」「愛とは何か」「心とは何か」「なぜ人は戦うのか」など、なかなか答えにくい難問《なんもん》を投げかけた。

哲学者《てつがくしゃ》から刺激《しげき》を受けていろいろなことを考えるのは、権力者《けんりょくしゃ》

にとっては邪魔《じゃま》になった。
ソクラテスは処刑《しょけい》された。
僕《ぼく》らが考えなくなるのを権力者は待っている。
だから僕らは、いつも考えておく必要があるんだ。
力を持った人の思い通りになっていないかどうか。
必要な時に必要なことをいう勇気を持っているか。
弱い立場の人の身になって動くことができているか。
権力者に未来を呪縛《じゅばく》されるな！

4　未来は暗くない

格差社会に呪縛されない

世界の経済《けいざい》が曲がり角に来ていて、難《むずか》しい状況《じょうきょう》にあることは間違《まちが》いない。資本主義《しほんしゅぎ》が資本主義らしくなくなっている。

資本主義では、お金を預《あず》けると利子がついて、その利子が新しい次の、もの、こと、の資本になっていく。今、日本ではマイナス金利ということが起こり出して利子がつかなくなっているんだ。

グローバル化によって、自分の国の経済をよくし雇用《こよう》を確保《かくほ》しようとしている、賃金《ちんぎん》が安いところへ、どこにでも、企業《きぎょう》は工場を移《うつ》していく。ある国でできた企業もグローバル化するとともに、税金《ぜいきん》の払《はら》い方を考え、できるだけ安いところに本社を移すなどして、自分たちを育てた国には相応《そうおう》の税金を払わない。

資本主義によって生じやすい格差は、税金を通してできるだけたくさんの人に公平に平等にチャンスを与《あた》えるようにしてきたが、それがしにくい状況になっている。確《たし》かに厳《きび》しい社会のなかで君たちは育っているともいえるが、うなだれていても未来は変わらない。

回り道を恐れない

日本の失業率《しつぎょうりつ》は、二〇一七年で二、八%。そういう状況の中、日本はこれからどうなるだろう。

団塊《だんかい》の世代（一九四七~四九年生まれ）が約六百万人、すでに引退《いんたい》を始めている。

高校や大学を卒業して新社会人になる人は約百万人。労働者不足がこれからしばらく続く。だから望む道へ進むチャンスは、ある意味以前より溢《あふ》れているともいえる。自分にどう魅力《みりょく》や技術《ぎじゅつ》や能力《のうりょく》をつけるか、だ。

チャンスはどこで現《あらわ》れるか、なんてわからない。だから最短を考える必要はない。回り道に現れるかもしれない。回り道を恐《おそ》れなくていい。

回り道をしても、そのチャンスをキャッチできるよう、自分をみがいていこう。それがきっとおもしろい仕事に結びつく。

世界も日本も激動《げきどう》の時代に入っている。だからこそ、格差社会に呪縛《じゅばく》されない自分自身をみがいていこう。僕《ぼく》自身もまた、それを意識《いしき》してこの本を書いている。

5 絶望の中の希望…それは学校

バカなことをくりかえす大人

シリアで化学兵器が使われた疑《うたが》いが強まった。化学兵器は国連の約束ごととして、製《せい》造《ぞう》も使用もしてはいけないことになっている。無差別に市民を殺してしまうのを防《ふせ》ぐためだ。

二〇〇三年にイラク戦争が起きてから、僕はイラク支援《しえん》を始め、現在十四年ほどになる。当時、フセインという大統領《だいとうりょう》がイラクを支配《しはい》していた。アメリカはそれがおもしろくなかったと見え、化学兵器があるのではないか、核兵器《かくへいき》を作りかけているのではないか、と疑《うたが》ったのである。

あっという間にアメリカが戦争をしかけ、イラクが負けた。しかし化学兵器の製造場所は見つからなかった。貯蔵《ちょぞう》もされていなかった。実際《じっさい》のところはわからない。

一九八八年、北イラクにあるハラブジャというところで化学兵器が使われた。誰《だれ》が使ったかは、イランという意見と、イラクのフセインという意見があった。五千人のこどもや女性《じょせい》が殺戮《さつりく》された。

僕はハラブジャの市長に案内されて、その時に亡《な》くなった人たちの墓地《ぼち》に行き、改めて強く思った。化学兵器は絶対《ぜったい》に使ってはいけない。

けれど、今なお悲劇《ひげき》は続いている。シリア政府軍《せいふぐん》が、反政府活動をしている街に、この化学兵器を使用しているのではないかと疑《うたが》いが持たれた。そしてアメリカのトランプ大《だい》統領《とうりょう》を中心に、フランス、イギリスの三国が共同して、シリアの首都ダマスカス近郊《きんこう》にミサイル攻撃《こうげき》と爆撃《ばくげき》を行った。

あいかわらず、大人たちはバカなことをくりかえしている。

それでも、僕《ぼく》はあきらめない。

自分でやれる範囲《はんい》のことをやり続けようと思っている。

若《わか》い人たちがいっしょに、バカな大人を尻《しり》目《め》に、不条理《ふじょうり》なこの世界を、少しでも道理が通るような世界に変えるよう向かってくれるのではないか、と、希望を持っている。

いつになっても、完全な理想的社会、そん

▲ シリアからイラクに逃げてきた難民のこどもたちと

なパラダイスはやってこないことも知っている。

けれど、理想に向かう、その目指すことそのものも、人間を貶《さげす》まないために大事なことなんだ。

学校は希望だ

国と国との間には、ノーマンズランドという領域《りょういき》がある。

この地にも、イラクでもシリアでもない、幅《はば》一キロほどの緩衝《かんしょう》地帯がある。

イラクの治安が悪化して、シリアに逃《に》げようとしたが、シリアからも入国を拒否《きょひ》され、イラクにも戻《もど》れず、そこで何年も生活せざるを得ない難民《なんみん》が生じた。

そういう難民キャンプの多くはテントでできている。

コンクリートや煉瓦《れんが》積みの建物ができたとしたら、ひとつは診療所《しんりょうじょ》だ。

もうひとつはなんだかわかる?

学校なんだ。

命を守るために診療所がまずできる。そして自分たちの未来を託《たく》すために学校ができるんだ。

僕《ぼく》はユニセフから頼《たの》まれて、予防接種《よぼうせっしゅ》をしに、イラクとシリアの間のノーマンズランドに行った。
上の写真は、その時の学校の教室の風景だ。みんなよく勉強しているよ。
どこの国に難民《なんみん》として行っても生きていけるように、言葉の勉強は特によくしていた。

いらない人間なんていない

僕は、東京の杉並区《すぎなみく》にある区立和田小学校出身だ。

NHKのテレビ番組「ようこそ先輩《せんぱい》」という、自分の母校を訪《たず》ねる番組に呼《よ》ばれていった時のことだ。

この学校で、僕は「命の授業《じゅぎょう》」をした。

和田小学校に近いところにある、老人施設《しせつ》にこども達全員を連れていった。

脳出血《のうしゅっけつ》で倒《たお》れて寝《ね》たきりに近い、八十六歳《さい》のおばあちゃんが必死に歩く訓練をしていた。

二メートルしか歩けない。つかまるものがないと歩けない。

このおばあちゃんが僕の後輩《こうはい》たちにいった言葉。

「私《わたし》は何にもできなくなったのに、周りの人たちが、私のことをいらない人間って思わないでいてくれた」

いらない人間って思われないことが、どれだけ人を力づけるか。

歩けるって、すごい

この時、六年生の男の子がいった。

「歩けるなんてあたりまえだと思っていたけど、すごいことなんだと気づかされました。僕《ぼく》は走るのが遅《おそ》くて走るのが嫌《きら》いだった。大切なことを教えてくれてありがとう」

するとおばあちゃんは、こう返した。

「いいことに気づいたわね。私《わたし》は大切なことに気づくのに大変時間がかかってしまいました。何年も泣いたり恨《うら》んだり愚痴《ぐち》をいったり」

両者のすてきなエール。すてきな課外授業《じゅぎょう》になった。

教室に戻《もど》って、女の子がこんなことをいった。

「脳卒中《のうそっちゅう》のおばあちゃんが、聞いてくれてありがとうといった。聞かせてもらっただけなのに感謝《かんしゃ》された。聞くことって大切ですね」

そうなんだ。僕たちはもっと相手の身になることが大事。その簡単《かんたん》な技術《ぎじゅつ》は、相手の話すことを、よく聞くことだ。

学校は、勉強を受け身で教えてもらう場ではない。

自分が自分で成長するきっかけをつかむ場なんだ。

仲間を作り、その仲間の中で、僕たちは決断《けつだん》したり持続力を養っていったりしながら、自分を、いろんなことがわかる人間にしていく。

自分という人間を少しずつ、自分流にかっこよくカスタマイズしていくんだ。

学校は君のためにある

世界で最も大きなスラムといわれる、ケニアのキベラスラムに行った。

銃《じゅう》を持った五人の警察官《けいさつかん》に守られながらのスラム入りだった。

危険《きけん》極まりないとされるスラムだけど、ここにも希望があったんだ。

学校だ。

必死にみんなが勉強していた。

自分の環境《かんきょう》から脱出《だっしゅつ》していくこと、好きなことをやれる人間になること、人の役に立てる人間になること。それを目指している顔だった。

学校は希望なんだ。

君たちも学校で学んでいるね。

学校は、嫌《きら》いな勉強を無理やりさせられるところなんかじゃなく、例えば勉強を通じて、自分が昨日より今日、すてきになるためにある。

本来、学校はそういう場所のはず。

ぜひ、自分のために学校を利用してほしい。

6 人間らしさとはなにか

我々は何者か　我々はどこへ行くのか

シリアが荒《あ》れ、シリアから逃《に》げてきた難民《なんみん》は増えつづけている。

僕《ぼく》たちはヨルダンに逃げてきた、戦争で障害《しょうがい》を持つことになった人たちに、運動の訓練をするサポートをしている。

人間はなぜこんなむごいことをしてしまうのだろう。

晩年《ばんねん》平和運動の先頭に立って活動した物理学者のアインシュタインは、「人間性《にんげんせい》について絶望《ぜつぼう》してはいけません。なぜなら私《わたし》たちは人間なのですから」と語った。

人間性とはいったいなんなのだろう。

人間らしさとはなにか。

ゴーギャンの絵画作品に、「我々《われわれ》はどこから来たのか 我々は何者か 我々はどこへ行くのか」という大作がある。

この問いかけは多くの人を引きつけてやまない。僕自身もこの二十年ほど、この問いを胸《むね》に世界各地を訪《たず》ねてきた。

人はひとりでは生きていけない

三十九億五千万年前の生命体の痕跡《こんせき》とみられる炭素《たんそ》が、カナダ・ラブラドル半島で発見された、と「ネイチャー」で発表された。

奇跡《きせき》のように生まれた命。その命がバトンタッチを続けながら、七百万年前に人類の祖《そ》先《せん》が生まれる。

タンザニアという国に行った時は、三百六十万年ほど前の家族と思われる三人の足跡《あしあと》を見た。

火山が大爆発《だいばくはつ》し、その中を逃《に》げようとする三人の足跡。

大人の男のものと思われる大きな足跡のそばに、こどもの小さな足跡。その後ろを大人の女のものと思われる足跡が、こどもを守るように歩く。

僕《ぼく》たちの祖先は、この時すでに家族という形で行動していたと思われる。

アフリカのサバンナで、他の哺乳類《ほにゅうるい》に比《くら》べて人間は弱い。ライオンやヒョウには絶対《ぜったい》に勝てない。

弱い人間だからこそ、僕たちは、家族や仲間を作ったのではないか。

好奇心という原動力

アフリカにしかいなかった我々《われわれ》の祖先は出アフリカを果たし、世界中へ広がっていった。

彼《かれ》らを未知へと駆《か》り立てたものは何か。
好奇心《こうきしん》だ。
これも人間らしさのひとつ。
ほかの土地にいけばもっとおもしろいものがあるのではないか、という好奇心。
その好奇心が、文化を作り科学を発展《はってん》させる原動力になった。
上の写真はナミビア砂漠《さばく》。
この美しい砂漠を、たくさんの人類の祖先たちが渡《わた》っていったんだろうね。
なにを感じ、なにを考え、どんな気持ちで足を運んだんだろうな。
当時に想いを馳《は》せれば、僕たちはすぐにつながっていく。
次のページの写真（上）の彼らは、ケニア

のマサイ族の若者《わかもの》だ。
彼《かれ》らは、誰《だれ》よりも高くジャンプすることを競っている。
僕《ぼく》はじっとしているのが嫌《きら》いで、世界をとびまわりたいといつも思っている。
好奇心《こうきしん》という共通点だよね。
質素《しっそ》な彼らも、教育をとっても大事にしている。
右下の写真の建物はなんだかわかるかい？
学校だ。
自分たちの国、ケニアについての勉強をしていたよ。
先生は、自分たちの文化をこどもたちに伝えているんだ。
学ぶところから、人間の形成が始まる。
人間は常《つね》に変化をしていく動物で、そのために学ぶという刺激《しげき》が必要なんだ。

利他的に生きてきた

僕たちホモサピエンスは、好奇心を持って学んでいく、他の動物から見たらきっとヘンテコな生き物であると同時に、社会のなかで利他的な仕組みの中で生きのびてきた動物だ。

だから、教室の中でもどこでも、好奇心《こうきしん》を持ち続けていたいし、苦しんでいる仲間がいたら手を差しのべたい。そうやって人間は生きのびてきたから。

それらが人間には基本《きほん》として備《そな》わっていて、それで生きているはず。

これが「人間らしさ」なんじゃないか。

今の僕《ぼく》の「人間とはなにか」への答えだ。

君も人間。

どんな学びをして刺激《しげき》にする？

君の好奇心の向かう先は？

君は君の「人間とはなにか」を考えてみないか。

きっとそこに、君の未来のヒントもある。

第6章

君の保健室

1 絶望や壁に呪縛されない生き方

今幸せでなくてもだいじょうぶ

生きていると嫌《いや》なことがいっぱいあるね。今、例えばいじめられている人がいるかもしれない。自分はいじめられてなくてもクラスの中にいじめがあって、いじめを感じているかもしれない。一生懸命《いっしょうけんめい》勉強しているのに成績《せいせき》が上がらないでいるかもしれない。サッカーを一生懸命練習してるんだけどレギュラーになれなくて悔《くや》しい思いをしているかもしれない。

生きていると「絶望《ぜつぼう》」とか「壁《かべ》」とかが迫《せま》ることがあって、人生はその連続だったりもする。

でもその壁や絶望こそが、生きるバネになることもあるんだ。今辛《つら》い人は、それを信じてみてほしい。

ｉｐｈｏｎｅの会社、アップル社はスティーブ・ジョブズという男が作った。ビートルズはいまだに人気の衰《おとろ》えない、二十世紀を代表するロックバンド。彼《かれ》らの会社名はアップル・コア社。名前が似《に》ているのは、ジョブズがビートルズを好きだったからともいわれている。両者とも、世の中に大きな影響《えいきょう》を与《あた》えた。ジョブズとビートルズのジョン・レノンの共通点はまだあって、親から捨《す》てられていて、こどもの頃《ころ》は豊《ゆた》かではなかった。愛に、幸せにうえていたんだ。

末期ガンでもやりたいことをやる

スティーブン・サットンというイギリスの十五歳《さい》の青年がいた。

彼は進行性《しんこうせい》の大腸ガンになった。くりかえし手術《しゅじゅつ》をしたが、体中にどんどん転移《てんい》をしていく。

でも彼はあきらめなかった。「スティーブンものがたり」というサイトをネット上に作り上げた。

そして、大道芸をしにいくとか、ダーツの大会を見にいくとか、映画《えいが》にエキストラとして出演《しゅつえん》するとか、四十六の目標を立てたんだ。

死が近いことがわかっていながら、彼は、十九歳で亡《な》くなるまで、楽しむことをあきらめなかったんだ。

彼の言葉はインターネット上で注目を集めた。彼は楽しむことをあきらめなかっただけでなく、誰《だれ》かの役に立ちたいと思いつづけていた。他のガン患者《かんじゃ》のために、五億円をこすお金を集めた。病気があったけど、彼は呪縛《じゅばく》されずに最後まで自由だったと思う。

どんな状況《じょうきょう》に追いこまれても、人間という生き物は、絶望《ぜつぼう》や壁《かべ》を取っぱらえるようにできている。絶望を希望の種に変えることができるんだ。

今うまくいってなくったって、あきらめなければ終了《しゅうりょう》にはならない。

2 変わっていいんだよ

ノーベル物理学賞を取ったアインシュタインは、ちょっと変わっていた。

好きな分野には夢中《むちゅう》になるけど嫌《きら》いなことはしたくない。それで教授《きょうじゅ》に嫌われた。就《しゅう》職《しょく》もままならなかった。相手がなにを考えているのか、考えるのがちょっと苦手。

でもこういう人が人類の役に立ち、時代を変えた。

英語も音楽も全然ダメでもノーベル賞

同じノーベル物理学賞を取った益川敏英《ますかわとしひで》さん。物質《ぶっしつ》を作る最小単位の基本粒子《きほんりゅうし》（クォーク）が六種類あることを予言しノーベル賞を受賞。予言した頃《ころ》、三種類のクォークしか発見されておらず、そんな時にあと三種類のクォークがあるといいだしたのだ。二十年近くかかって、彼《かれ》のいう通り、六種類めのクォークが発見された。

この益川さんと対談した。めちゃくちゃおもしろい。

こどもの頃、遊んでいる方がおもしろいから、宿題は信念を持ってやらなかったそうだよ。

音楽は理論《りろん》はわかったが、とにかく歌えなかったという。実技《じつぎ》はいつも通信簿《つうしんぼ》「2」。英語も全くダメ。中学校の時、money《マネー》（お金）を「もーねー」と読み、クラスじゅうが大笑い。英語が上手に発音できなかったという。世界的な物理学者になった後も、英語はダメだったという。

こういうのいいよね。優秀《ゆうしゅう》と思える人の、どこかそうじゃないところを聞くと、なんだかほっとする。

僕《ぼく》もチェルノブイリに行ったりイラクに行ったりして、世界中をとびまわっているけど、英語は苦手。そういっても、みんなは信じない。でもほんとうに苦手なんだよ。でもなんとかなるんだ。身振《みぶ》り手振《てぶ》りで通じ合えるよ。

変わっててもいいんだ。

苦手なことがあっていいんだ。

みんな同じになる必要はないし、全てに優秀になる必要はない。

「脳のクセ」が違うだけ

クラスの中に「非定型性発達《ひていけいせいはったつ》」（発達障害《しょうがい》ともいう）の子がひとりかふたりいる可能性《かのうせい》がある。こどもたちの約六％が非定型性発達といわれているから、クラスにいることは珍《めずら》しくないんだ。

ある分野にめちゃくちゃ優秀な人もいる。ちょっと行動パターンが違《ちが》うかな、と思う場面があるかもしれない。まったく問題ない。

だって脳《のう》にはクセがあるんだ。

人それぞれなんだ。

いろいろで生きてる

自分はアスペルガー（高機能広汎性発達障害《こうきのうこうはんせいはったつしょうがい》）だと、オープンにしている整形外科医がいる。畠山昌樹《はたけやままさき》さん。僕《ぼく》がやっているラジオ番組にきてもらった。

彼《かれ》はひとり遊びが得意だったそうで、親友はいません、とはっきりいった。自分の状態《じょうたい》を「脳《のう》の個性《こせい》」ととらえるようになったら楽になり、勉強して大学の医学部に入った。時々感情《ときどきかんじょう》が爆発《ばくはつ》することはあったそうだ。

それも、自分が非定型性発達《ひていけいせいはったつ》だとわかってから、もっと楽になったという。

僕も変。僕はじっとしていられないんだ。

みんな、ちょっとずつ変。変だけど、だいじょうぶ。いろいろで生きてる。

自分とは違《ちが》う脳の個性があって、そのクセの強弱がどうかってだけのこと。

みんなそれぞれ違う。さらには、自分の中もまだらで、その見え方もいろいろだ。

これが人間っていう生き物。

それを知っていると、生きていくのがぐっと楽になるよ。

3 うちの親はクズなんで捨てていいですか

ここからは、受けた質問《しつもん》に答えてみよう。

クズの親、上等

第一の質問。「うちの親はクズなんで捨《す》てていいですか」

なんでクズって思ったのかな。

「親のいうことは聞きなさい」「親に向かってなんていう口のきき方だ」「誰《だれ》のおかげで食べていけると思ってるんだ」なんてことといわれたかな。

こんなことといわれたら「はっ?」だよな。

自分はまず、そんなに立派《りっぱ》なんですか?って聞きたくなるね。

親だって完璧《かんぺき》なんてあり得ない。

もしかしたら君たちも親になるだろう。

親になったら完璧になれるかっていったら、違う。

完璧《かんぺき》でない者同士が一緒《いっしょ》に生きていってるってことさ。

実際《じっさい》、はたから見てても困《こま》っちゃう親もいるしね。毒親。

たまに、お、できる親だな、っていうのにも会うけど、それさえ、実際にはその子にとっていいのかはわかんないしね。

完璧っぽいのは怪《あや》しいよ。臭《にお》う。デキスギってクサイ。そう思わない？

こうやって考えるとさ、クズの親、上等！って思ってあげられるんじゃないかな。

面倒な親で学習しちゃえ

とんでもなく面倒《めんどう》な親がいると、ああ、人間って面倒なんだって学習はできるわな。

これだけでも、面倒な存在《そんざい》の意味はあるかもね。

もう、こどもの方が一枚上手《いちまいうわて》になっちゃおうぜ。

困った母さんには「もう母さんボケボケだねえ」なんて笑ってさ。

あるいは「お母さまのおつむのネジってお緩《ゆる》みすぎて失笑ですわよ」なんていったりしてな。これ、僕《ぼく》、いわれたらちょっと怖《こわ》いね。

突《つ》っ込《こ》む時はあっけらかんの方がいいな。

あまりにも時代錯誤《じだいさくご》のことといわれたら「父さんのおっさん力すげえ」とかさ。相手を苦笑させてしまえばこっちのもん。

親ってさ、こどもの前だととにかくカッコつけたくなっちゃうんだよ。僕、親だからよくわかるんだ。バカにされるよりすごいって思ってほしい。それでますます裏目《うらめ》になるような言動しちゃうんだ。自分だってこどもの時、親に同じようなことといわれて、むかっときたはずなのにね。

人間ってのど元過《す》ぎると忘《わす》れちゃうのよ。

親がこどもの人生を無茶苦茶にする権利《けんり》はない。

でも、こどもも親の人生を無茶苦茶にする権利はない。お互《たが》いさま。

自分も親もそれぞれ別の人間。

血がどうのって誤解《ごかい》している人がいるけど、血ってあんまり関係ないよ。血が助けてくれるのって献血《けんけつ》くらい、じゃないの。

オヤジのことを理解するのに時間がかかった

僕《ぼく》ね、1章の1でも話したように、父の首をしめようとしたんだ。

僕が大学に行きたいっていったら、勉強するなっていわれてカッとなった。自分の思い通りにならなかったからね。

殺してしまいたいほどの感情《かんじょう》が、一瞬《いっしゅん》確《たし》かにあったんだ。

大好きな母が亡《な》くなる時、父は一秒でも長生きしてほしくて、人工呼吸《こきゅう》でもなんでも、最高のことをしてほしい、と僕にいった。

僕は母が好きだからこそ、母を痛《いた》めたり苦しめたりしたくなかった。

脳死《のうし》だからもう助からないとわかっていた。

母を、人工呼吸器なんかにつなげたくなかったんだ。

僕と父はふたりとも、母のことを大事に思い、生きててほしいと思った。

でも僕は、人工呼吸器をつなげないことが母を守ることだと思ったんだ。

どっちも母を愛してるんだ。

でも考え方が違《ちが》った。

父の「ありがとう」

母のためにどっちが苦労してきたかな、と考えた。

重い心臓病《しんぞうびょう》の妻《つま》を、父は背負《せお》いつづけた。

自分の考えに自信はあったけど、父の想いに従《したが》った。

母さんに「ごめんね、痛い思いをさせて」と人工呼吸器につなげたんだ。

一週間後、母の心臓《しんぞう》は止まった。

その一週間、父はずっと自分の妻に寄り添《よそ》った。

そして、僕が「父さん、母さんの心臓止まったよ」と伝えたら、父は「ありがとう」と言った。


意見がわかれたりいがみ合ったり時には首をしめたり。そんな親子だった。

母が亡くなってから父を呼《よ》び、いっしょに長野県で生活をした。

十年、できるだけの親孝行《おやこうこう》をしたつもりだ。

僕は激《はげ》しいから、僕のうちはこんな風なことが起きた。

だけど最後にはわかりあえたんだよ。

血はつながってないけど、血は関係なかった。

わかりあえた。

君もいつかわかりあえる時がくるといいなあ。

同じ土俵にあがるな

人間は粗大《そだい》ゴミじゃないから捨《す》てないでさ、なんだ、こいつ、と思ったら、ある期間、そっと距離《きょり》をあけるのもいいと思う。自分ひとりの時間を持っちゃおう。

僕《ぼく》は中学生の頃《ころ》から、父や母より高いところにのぼって、ものを見ることにしてた。

この人たちを守ってあげたいってさ。

親と同じ土俵《どひょう》にあがらないことだよ。

土俵で親と闘《たたか》っても意味がないって思うようにしてた。

人間って手のひらに乗っけられると不愉快《ふゆかい》になるんだ。

親の手のひらになんか乗らなくていいからね。しょうがないなあって思う親なら、なおさら。

自分の大空を駆《か》けまわろう。

そして、自分がいつか親になっても、忘《わす》れないでいて、今の気持ち。

そしたら、きっと、自分が思う、マシな親になるよ。くりかえさないでいこう。

ちょっと視点《してん》を変えて見てみたら、困《こま》った父親やうるさい母親の、案外いいとこやかわいいとこも見えてくるよ、きっと。

4　バイト先の店長がクソです

「バイト先の店長がクソです。クソでも人の上に立てるのっておかしいですよね。誰《だれ》が上下関係を決めるんですか」

これに近い質問《しつもん》って、けっこう多い。

「生徒に舐《な》められるような先生が先生の資格《しかく》を持てるのはなぜですか」とかね。

反面教師

まずストレートに答えると、バイト先の店長を決めてるのは、そのバイト先の会社の、そこがチェーン店なら本部の人事部部長かな。小さな店だったら、そのオーナーかも。決めてる人だって完璧《かんぺき》じゃないからね。できるだけ公平にみようとしていても、人事権《じんじけん》を持っている人がおべんちゃらに弱かったりすると、おべんちゃらをいう人がかわいくて、ついつい、こいつはできるやつという判断《はんだん》をしちゃってることもある。

バイトをしている君なら、きっと実感しているんじゃないかな。働くって大変だよね。学校の先生もそう。なるのも、なってからも。

でもやりがいを抱《いだ》いて必死に、燃《も》え尽《つ》きそうになりながらがんばっている先生をたくさん知ってる。

働く人々《ひとびと》にはそれぞれの生活があるしね。例えばこどもがいて必死に育てようとしているかもしれない。

完璧《かんぺき》じゃない人間がそれぞれなにかを抱《かか》えながら、生きていく。

いい先生に出会うこともあれば、いいバイトの店長に出会うことだってあるよ。バイトでお金を得るだけでなく、人生の生き方のヒントを得られることだってある。

どうしようもないなあと思ったら、反面教師《はんめんきょうし》にしちゃえ。

こんな人間にはならないぞってさ。ある意味すごい教育だね。

クソじゃないものを探す

誰《だれ》にもそれぞれの生活、生き方があるから、仕返しはしない。潰《つぶ》さない。生きてるのはいっしょ。同じ権利《けんり》。

違《ちが》うところで、自分にとってクソじゃないものに出会おう。君が知らない、店長のすごくいいとこもあるかもしれないよ。バイト先での第一発見者になってみるのもいいんじゃない？

それから、クソ関係が続いてたら、本に飛びこんじゃうのも最高だよ。本の中には、いいも悪いもいっぱい広がってる。なにを選ぶのか、そして読むも読まないも読み終えるも途中《とちゅう》でやめるも、君の自由だ。

本は君の悩みに応えてくれる

本はいい。ツルマナクテイイのが好きだった。自分の世界を自由に広げることができる。本で、僕《ぼく》は救われたり学んだりして生きてきたよ。たくさん読むと、その中に自分とかちっと歯車が合うような、相性抜群《あいしょうばつぐん》の出会いがあるかもしれない。それまでぜひチャレンジしてもらいたいな。

いいこと、いいものを、自分の中にいっぱい吸収《きゅうしゅう》しよう！

周りにクソみたいなやつしか見つけられなかったら、音楽やスポーツに打ちこむのもいいよ。

もちろんそこにもクソが落ちてるかもしれない。どこにもクソはいるんだ。

だけど、世の中クソだらけじゃないよ。けっこうかっこいい人間がいるんだよ。

そんな人間に出会うと、生きているっていいなあって思う。

もちろんこっちの目も大事。見ぬく力がないとね。

クソの中にかっこいいのが混《ま》ざってるのに気づかないってこと、あるんだ。

いいものに出会うためには、自分がクソにならないことだ。

自分がクソだったら、けっきょくクソにしか出会えない。

できそこないの大人に翻弄《ほんろう》されちゃわないで。

グチや不満をいうより、自分をみがいて、自分こそクソからほど遠いまっとうな人間になっちゃえばいいさ。時間の使い方として、そっちの方が有意義《ゆういぎ》だ。

5　口うるさい親を黙らせる方法を教えてください

自分に向けられた言葉の、ピントが外れていると嫌《いや》だよね。

そういう時に限《かぎ》って、長い時間ネチネチいってきたりね。

ほら、小さい子が迷子《まいご》になってやっと会えたら、「よかった、無事で」と抱《だ》きしめるところ、「何やってんだ。みんなに心配かけて。馬鹿野郎《ばかやろう》」って叱《しか》りとばしちゃう、あの、なぜか安堵《あんど》が怒《いか》りに変わっちゃうのと似《に》てるんだよな。すごく心配だったんだから、ちゃんと安堵を伝えればいいのにね。

もう、君はわかってるよね。

そう、反面教師《はんめんきょうし》が有効《ゆうこう》。

「反面教師」。これ、魔《ま》除《よ》けのおふだにしちゃおう。

伝え方がずれていると、せっかくの愛も台無しだよね。

俺《おれ》、できの悪い親。だからよくわかるんだ。

親として充分《じゅうぶん》じゃないってわかってる。もちろん、人間としても充分じゃない。

僕《ぼく》は、そんなできそこないだけど、どこか憎《にく》めないやつになれたらなって、願ってるんだ。

みんな、人生の途上《とじょう》にある。

完璧《かんぺき》な人間、スーパーマンは存在《そんざい》しない。

かっこいい、かわいい、愛してるっていってみて

大人のひとり、人間の先輩《せんぱい》としていうね。

命は大事だっていいながら世界中のどこかでいつだって戦争をしている。核《かく》もなくなってない。大事なこと、大人はやってないんだよね。そのくせ、ちっちゃいことにグジャグジャいうの。それを変えていく方法、僕《ぼく》はずっと考えつづけているけど、これだっていうものに行き着かずにいる。君たちにいいアイディアがあったら、ぜひ僕にも教えてね。

親を黙《だま》らす、今の一番のオススメ処方箋《しょほうせん》はこれ。最高の切り札がある。

喋《しゃべ》りつづける親の目を見て「愛してる」っていうんだ。殺し文句《もんく》だよ。

小言をいいつづけるお父さんに、ニコニコしながら「かっこいい、大好き！」

ネチネチ心配しつづけるお母さんには「かわいい、大好き！」

「何ふざけてんだ」なんていわれたら「ふざけてないよ、本気だよ」とか「真剣《しんけん》な想いを茶化さず受け止めてください」なんてね。

「北風と太陽」の太陽戦法だ。

これできっと親の文句は減《へ》るんじゃないだろうか。

6 もっと自由に

無料の図書館の本が好きだった

僕はこどもの時から本が好きだった。小さい時は絵本が好きだった。いつか絵本が描《か》けたらいいな、と憧《あこが》れを持った。

寂《さび》しさをまぎらわせてくれるのが本だと思っていた。無料で借りられる図書館の本をかたっぱしから読んだ。読んでいると、物語の主人公になったように思った。

本をたくさん読んでいるうちに、たくさんの世界があることを知った。

これが僕の財産《ざいさん》になった。人生ってのは、自分物語のシナリオを自分で書いて自分が主《しゅ》演《えん》するんだって気がついたんだ。

自分の人生の脚本を書こう

医者になる。本を書く人になる。おもしろい人生を生きる。そして人の役に立つ人間になる。

　これが僕《ぼく》のシナリオ。

　初めはもっと直接的《ちょくせつてき》な欲望《よくぼう》だったよ。貧乏《びんぼう》から脱出《だっしゅつ》したいってね。読みたい本が読める、行きたいところに行ける、そんな人間になりたい。いつもそう思っていた。そのためには、勉強するしかないと思っていた。

　だから親や先生に勉強しろといわれる前に、勉強するように習慣《しゅうかん》づけた。

　中学校に入ったときには、勉強だけじゃなくて、親にいわれてからなにかをするなんて、もう考えなかった。

　俺《おれ》は俺の人生を生きるんだ。

　そう思って自分でシナリオを書き、そして主役を演《えん》じてきた。

夢のシナリオの実現

『がんばらない』という本で注目されるようになってから、いろんな出版社《しゅっぱんしゃ》から本を書いてほしいといわれるようになった。そこでシナリオのひとつ、「絵本をいつか描《か》きたい」が実現《じつげん》した。３章の２で出てきた『雪とパイナップル』だ。

雪の中で日本の看護師さんがパイナップルを探した

チェルノブイリ原子力発電所が、一九八六年、爆発事故《ばくはつじこ》を起こした。放射性物質《ほうしゃせいぶっしつ》が撒《ま》き散らされた。

次のページの写真（上）は、実際《じっさい》にチェルノブイリを訪《おとず》れたときのものだ。爆発したチェルノブイリ原発四号炉《ろ》は、コンクリートと鉛《なまり》でかためられた。

僕の後ろは石棺《せっかん》だ。

放射能汚染地域《ほうしゃのうおせんちいき》で、アンドレイという少年が白血病になった。

そのアンドレイが熱にうなされて、「パイナップルが食べたい」といった。

この地にあるわけがなかった。

それを聞いた、医療支援《いりょうしえん》のために僕が派遣《はけん》していた看護師《かんごし》さんは、少年の言葉を受け止めた。

「パイナップルはありませんか」「パイナップルはありませんか」と、マイナス二十度の雪の街、ゴメリを歩き、お店を一軒《けん》一軒聞きまわった。

やはりパイナップルはなかった。

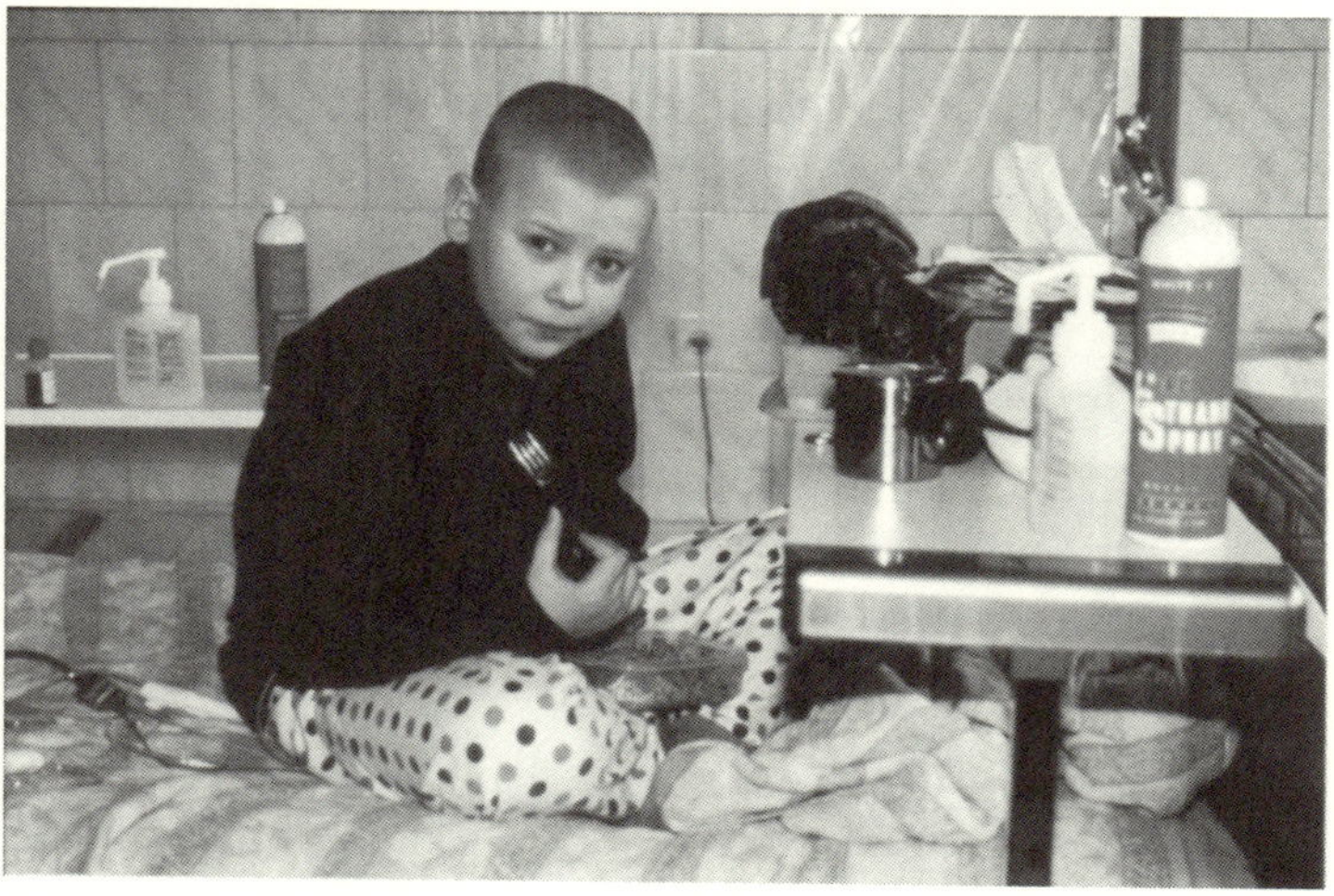

▲ アンドレイ

でも街中の噂《うわさ》になった。

パイナップルの缶詰《かんづめ》を持っている現地《げんち》の人が、病院に届《とど》けてくれた。

少年はパイナップルを食べられた。そして熱が下がり、一度は退院《たいいん》をすることができた。

その後、残念なことに白血病が再発《さいはつ》して亡《な》くなった。

僕《ぼく》はお母さんを訪《たず》ねた。

助けられなかったのに感謝の言葉が

このお母さんがこう語ってくれた。

「うちの息子が一番辛《つら》いときに、息子の言葉を受け止めてパイナップルを探《さが》してくれた日本人がいたことを、私《わたし》たち家族は一生忘《わす》れません」

人間はすごいなと思った。助けてあげられなかったのに感謝《かんしゃ》される。

僕はこのときの気持ちをこんな風に書いている。

「一番大切なものを失ったときでも人間は感謝することができることを知りました。言葉が違《ちが》っても歴史が違っても文化が違っても宗教《しゅうきょう》が違っても、人間は理解《りかい》しあえると、悲しみや喜びをわかちあえると、雪の中のパイナップルから教えられました」

この後、NHKテレビの「生活ほっとモーニング」で瀬戸内寂聴《せとうちじゃくちょう》さんと新春特別対談をした。寂聴さんがこの『雪とパイナップル』がいいと褒《ほ》めてくださって、ベストセラーになり、国語の教科書に掲載《けいさい》されるまでになった。

「おもしろい」を探す感性

おもしろいのは、あたりまえだけど、僕《ぼく》がチェルノブイリの医療支援《いりょうしえん》をしたのは、もともとは絵本とまったく関係がなかったということだ。それなのに、いつか絵本を作りたいという夢《ゆめ》に、いつの間にか、つながっていた。

一生懸命《いっしょうけんめい》向かっていたことが、自分の人生のシナリオの一部になって、勝手に動いていった。

これは、自分のシナリオを作っていると、それもガッチガチに固めてしまうのではなく、しなやかに生き物みたいにしておくと、予定調和の退屈《たいくつ》な人生にはならないっていう、わかりやすい例になるんじゃないかな。

感動と感動がつながる場合もあるし、一見無駄《むだ》だと感じたことが、後からびっくりするくらい化けて、生きてくることもある。

いつも、自分の人生の中の「おもしろい」をキャッチする感性が大事なんだと思う。

そのひとつの助っ人として、本や音楽、映画《えいが》をたくさん味わおう。

そしていろんな人に出会おう。

生き方のヒントがいっぱいだよ。

僕自身、それらで感性《かんせい》がみがかれた。みんなと違《ちが》う受け止め方や表現《ひょうげん》もできるようになったと思うよ。みんなと同じでも同じでなくても、いいんだ。

僕の信条《しんじょう》は、求められているところにいくこと。

東京から長野に地域《ちいき》医療にやってきたこともそう。チェルノブイリの放射能《ほうしゃのう》汚染《おせん》地域に、百回以上医師団《いしだん》を派遣《はけん》してきたこともそう。イラクの難民《なんみん》キャンプや白血病のこどもたちの支援をこれまで十四年間続けていることもそう。

求められていることと、求めることが、かちっと合う時の気持ちよさったらないよ。

「フィールド・オブ・ドリームス」。夢の空間。

どんな場所もそうなりうる。

感じるか感じないかだけ。

自分だけのそれを見つけるために、自分の感性を育てよう。

自分のためだけに生きない

人って、けっきょくは自分のために生きているんだけど、自分のためだけだと、喜びには限界《げんかい》がある。それだとさらに自分をあと押《お》ししてくれる風は吹《ふ》いてこない。

自分のためだけに生きないということ。このことも忘《わす》れないでほしいな。

諏訪《すわ》中央病院に今から四十三年前に赴任《ふにん》してきたときに、患者《かんじゃ》さんがきてくれなかったのを思い出す。

信頼《しんらい》してもらえなかったんだ。

この目の前の人を救いたいと思って、ひとりひとりに丁寧《ていねい》に接《せっ》していたら、いつの間にか地域《ちいき》全体の信頼につながった。

正しいと信じたことをまずは続けてみる。

世の中、捨《す》てたもんじゃない。

きっといい風が吹いてくる。

がんばりつづけなくてもいい

ただ、がんばりつづけても、大成した人はいないような気がする。

がんばることが人生の目標じゃないよね。

自分の人生を幸せにすること。

これが生まれてきた君の役割《やくわり》だ。

そのために、ときどきがんばる。

僕《ぼく》も、自分の人生にとって、ここはがんばりどころと思った時は、誰《だれ》よりもがんばる。

「がんばれ」は他人にも自分にも押しつけない。

スポーツでもそう。

「がんばれ、がんばれ」ってずっといわれつづけて、緊張状態《きんちょうじょうたい》が続いていて、実力が出ない選手がたくさんいる。

「がんばる」リズムと「がんばらない」リズム。

このふたつにバランスよく乗れると、自分の実力以上の力が出せる。

人生も同じ。

がんばりながらも「がんばらない」勇気も持っている人が成功することが多い。

苦しい時間は続かない

あと覚えておいてほしいこと。
苦しい時間は続かないってこと。
苦しいときは心の貯蓄《ちょちく》の時間がきたなって思ってみて。
苦しいときこそ、本を読んだりいい音楽を聴《き》いたりするといい。
そしてその中にあるものを自分の中にとけこませるといい。
遊ぶときは思いっきり遊ぶ。
ダラダラするなら、思いっきりダラダラする。
満足したらまた違《ちが》う力も湧《わ》いてくるよ。

自分の最高のマネージャーも自分

自分をマネージメントしよう。

有限《ゆうげん》な時間を自分流にマネージメントしないと、やりたいことがいつまでたってもやれなくなる。

好きなことに使う時間をたっぷり作り出すために、苦手も仲間にしてしまえ。敵《てき》にすると、その苦手の方にたっぷり時間を使ってしまうことになるから。

誰《だれ》も見てなくても、自分自身をマネージメントできる人はどこへ行っても成功する。

自分のリーダーは自分だ。

自分を肯定《こうてい》してコントロールして運転していると、人生にはなにひとつ無駄《むだ》はないって思えてくるよ。

主演は君だ

僕《ぼく》は僕のシナリオの主役でもあるけど、まだまだカットがかかっていない。

終わりはいつだかわからない。

エンドロールが映《うつ》されるまで、僕も、悩《なや》める君たちとなんら変わらない。

これでいいんだろうか、これでいいんだろうか、と悩みながら生きている。

でも、だからおもしろいんだろうな、生きていけるんだろうな、と思う。

他人に注目して追っかけるより、自分の人生の主役、自分自身の追っかけになってみないか。

君が君の人生の主役だ。
けっして脇役《わきやく》じゃない。
君は主役。
主役が主役を貫《つらぬ》けば、君の物語は輝《かがや》く。
やがて、君は君のスターになる。
もっと自由に！

おわりに

自分の人生を振《ふ》り返ってみた。
ここにもそこにもあそこにも、
どこにも呪《のろ》いや縛《しば》りに満ちた道はあった。
一歩間違《まちが》えば、その道しか歩けずに、
いつか動けなくなっていたかもしれない。
……ぶるっと震《ふる》えた。
せっかく生きているのに、
呪われるなんて冗談《じょうだん》じゃない、
呪うなんて時間の無駄遣い。
縛られるなんて真《ま》っ平御免《ぴらごめん》だし、
縛るなんて体力知力の浪費《ろうひ》。

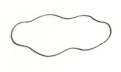

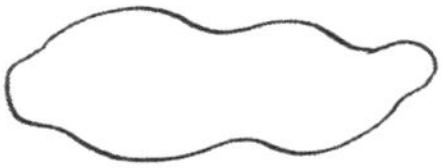

十代の君たちより長く生きて、
それを知ったぼくは、
これから未来を生きていく君たちにこそ、
そのことを伝えたいって思った。
全部通しで読まなくったっていいんだ。
読みきらなくちゃいけないこともない。
読後をレポートにまとめる必要もない。
君がめくりたいように、読みたいように、
自由につきあってくれたらいい。
君の本、だから。
君の欲《ほっ》するナニカ、そのヒントを、
この本の中で発見してくれたら、
著者としてこんなに嬉しいことはない。

君がこの本を気に入ってくれたとしたら、
それは、こやまこいこさんの絵のおかげだ。
ぼくは絵で表現するということはあまりしないできた。
言葉で伝えることに注力してきた。
だけど、こいこさんの絵をみて、
ぼくの好きな音楽の、美しい音みたいだなって思った。
歌詞だけだったら、伝えきれない力が、そこにはあった。
こいこさんの絵の生命体たちが、体温を持ってそこにいた。
それは安心感となり、また励《はげ》ます存在となって、
呪《のろ》いや縛《しば》りを、
けして出しゃばらずにほどいてくれる……
そんな心地よさを感じていた。
こいこさん、ありがとう。

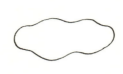

もうひとり、ぼくを応援してくれた人がいる。
編集っていう仕事をしてくれた郷内厚子さん。
いい本を作る、という強い意志を持ちつづけてくれました。
心から感謝です。

この本は、二十四時間オープンしている、
君の保健室だ。
いつでも訪《おとず》れてきてほしい。

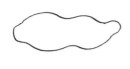

二〇一八年十一月

鎌田 實

歯みがいて寝よ〜
うん
うん

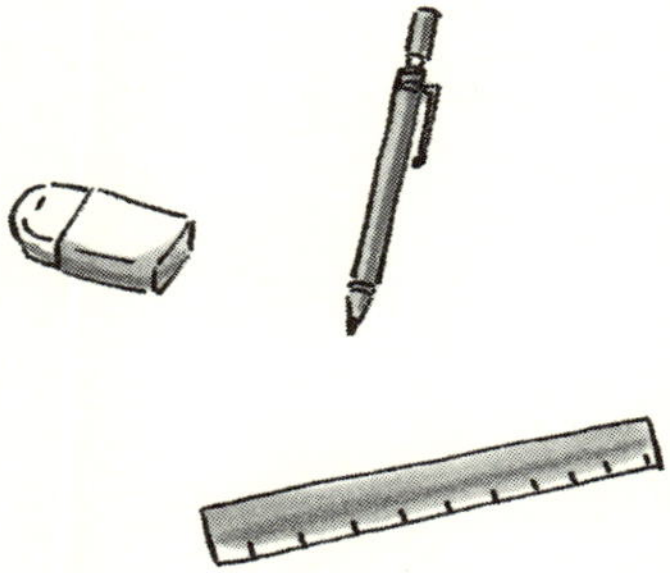

鎌田 實（かまた みのる）
1948年6月28日東京都生まれ。東京医科歯科大学医学部卒業後、諏訪中央病院へ赴任。30代で院長となり、病院を再生させた。「地域包括ケア」の先駆けを作り、長野県を長寿で医療費の安い地域へと導く。現在、諏訪中央病院名誉院長、地域包括ケア研究所所長。 一方、チェルノブイリ原発事故後、ベラルーシの放射能汚染地帯へ100回を超える医師団を派遣し、約14億円の医薬品を支援。またイラクの４つの小児病院へ４億円を超える医療支援を実施、難民キャンプでの診察を続けている。国内では東北ほか全国各地の被災地に足を運び、多方面で精力的に活動中。 著書に『がんばらない』『雪とパイナップル』『忖度バカ』『1%の力』『イスラム国よ』『人間の値打ち』『◯に近い△を生きる』『ほうれんそうは ないています』など多数ある。
鎌田實オフィシャルウェブサイト　http://www.kamataminoru.com

こやまこいこ
京都府生まれ。漫画家。夫と娘２人の４人家族。作品に、コミックエッセイ『次女ちゃん』『スキップするように生きていきたい』、絵本『はーはのはみがき』、さし絵『ルルと魔法のぼうし』『いつのまにか忘れてしまった34の大切なこと』などがある。保育雑誌、児童書などのイラストも手がける。マンガを描くことになったきっかけは、夫の日常をマンガで描いてみたら好評だったこと。連載の他、SNSでマンガやイラストを更新している。クスッと笑えてほっこりする作風でファンを増やしている。好きな食べ物はたこ焼き。
Twitter: @koyamacoico　Instagram: @coicokoyama
公式 HP: https://koyamacoico.com/
本人からメールが届く「こやまこいこおたより」
https://koyamacoico.com/mailmagazine/

世界をカエル
10代からの羅針盤

脱・呪縛

著者　鎌田 實
画家　こやま こいこ
発行者　内田 克幸
編集　郷内 厚子
発行所　株式会社 理論社
〒101-0062　東京都千代田区神田駿河台 2-5
電話　営業　03-6264-8890　編集　03-6264-8891
URL https://www.rironsha.com

2018年12月　初版
2020年11月　第4刷発行

デザイン　B.C. 稲野清
協力　仲山優姫（コルク）
印刷・製本　中央精版印刷

ISBN978-4-652-20288-3　NDC914　四六判　19cm　223p　JASRAC 出 1812305-004